なぜデジタル政府は失敗し続けるのか

消えた年金からコロナ対策まで

日経コンピュータ

社会保険オンラインシステム
特許庁システム
人事・給与システム
HER-SYS
COCOA
特別定額給付金
持続化給付金
マイナンバーカード

日経BP

はじめに

パンデミック（世界的大流行）に至った新型コロナウイルス禍は、日本の行政がデジタル化できていない現実を国民にまざまざと見せつけた。

10万円特別定額給付金のオンライン申請を、自治体職員は紙に印刷して住民情報と1枚1枚照合していた。保健所は感染者の発生届を手書きし、ファクスで報告していた。雇用調整助成金のオンライン申請システムは、稼働初日に個人情報が漏洩する不具合が発生し、即日停止した。不具合を修正して再開した後もすぐに同様のトラブルが発生した。

結果としてコロナ対策において、政府のＩＴ活用の後ればかりが目立った。

政府はこうした反省に基づき2020年12月、「デジタル社会の実現に向けた改革の基本方針」および「デジタル・ガバメント実行計画」（改定版）を閣議決定した。2021年9月に「デジタル庁」（仮称）を新設してデジタル政府実現に向けた強力な権限を与えるほか、自治体のＩＴシステムの標準化・共通化を進める。国民の利便性を高め、行政の業務効率を改善する「行政ＤＸ（デジタルトランスフォーメーション、デジタル変革）」が目指す方向性として、いずれも妥当な内容だ。

だが、これらの指針や計画には残念ながら、日本の行政によるデジタルサービスやシステム調達、いわゆる「デジタル政府」の施策がなぜ失敗したか、具体例に基づく検証はほ

し、未来への教訓を引き出すことにある。

本書の目的は、デジタル政府の施策が20年にわたり失敗を続けてきた要因を解き明か

20年前の2001年3月29日、政府のIT戦略本部は「e-Japan重点計画」を策定した。「すべての国民がITのメリットを享受できる社会」を目指し、「実質的にすべての行政手続の電子化等を行うとともに、インターネット等を通じて世界最高水準の公共サービスが提供されるよう」にする。そのために「事務自体をそのままオンライン化するのではなく、業務改革、省庁横断的な類似業務・事業の整理、制度・法令の見直し等を実施する」――現在でもそのまま通用しそうな文言が並ぶ。

だが政府は、これらの計画を華々しく打ち出す一方で、実行に必要なスキルやリソース、プロセスを用意しなかった。ITシステムの発注者である政府側のIT人材や調達プロセスは明らかに貧弱だった。業務とシステムに精通した職員、優れたITベンダーを選定する入札制度、プロジェクトの進捗を監査する組織、いずれも存在しなかった。

この結果、我々は20年を経ても「すべての国民がITのメリットを享受できる社会」を実現できていない。全国に高速のインターネット網は整備されたが、役所での行政手続きの主役はいまだに紙のままだ。

コロナ禍のさなかに紙・ファクスに頼るしかなかった現状はよく「デジタル敗戦」と評

される。より正確に言えば、日本のデジタル政府はこの20年、敗北し続けていた。

政府のＩＴシステムに関わる経費はおおよそ年額７０００～８０００億円で推移し、約１７００ある全自治体のＩＴシステム経費は年額４０００～５０００億円ほどとされる。年間で１兆円をゆうに超える金額が投じられている計算だ。「ＩＴ業界のサグラダファミリア」と言われたみずほ銀行の勘定系システムの総開発費用は４０００億円。その３倍にのぼる費用を毎年つぎ込みながら、国民はデジタル政府の利便性を実感できていない。

日本は何に失敗したのか。そこからどのような教訓を得てきたのか。本書はＩＴ専門誌「日経コンピュータ」編集部が20年にわたり取材し目の当たりにした、デジタル政府の挫折と再起動の様を明らかにする。

第１章はコロナ禍対策として政府が用意した「特別定額給付金オンライン申請」「ＣＯＣＯＡ」「ＨＥＲ-ＳＹＳ」など６つの施策について、ＩＴの力を十分に生かせなかった理由を考察する。

第２章は「ｅ-Ｊａｐａｎ戦略」「電子政府構築計画」といった政府のデジタル戦略20年の歴史をひもとき、特許庁システムのような大規模システムの刷新が相次ぎ失敗した経緯を明らかにする。

第３章は２０１２年に始まった政府ＣＩＯ制度の成果と、制度上の限界について検証する。

第4章は特許庁システムに並ぶ大規模システムである年金システムの刷新を巡るトラブルの歴史と、「消えた年金」問題や年金記録流出事件がその後の政府システムにもたらした影響を明らかにする。

第5章は国民1人ひとりに12桁の番号を割り振るマイナンバー制度について、マイナンバーカードやマイナポータルなどの関連システムがなぜコロナ禍で力を発揮できなかったのかを考察する。

第6章は自治体の行政を支えるITシステムに焦点を当て、システムの刷新や移行の難しさ、政府が掲げる自治体システム標準化の課題を明らかにする。

第7章は政府が打ち出したデジタル庁新設の方針を検証するとともに、デジタル活用へ動き始めた省庁・自治体の動きを紹介する。

そして第8章は本書のしめくくりとして、各界のオピニオンリーダーにデジタル政府への提言を語ってもらった。

官民問わず、行政のデジタル化に関わる、または興味がある全ての人に本書を読んで欲しい。行政のデジタル化へ官民の力を結集する上で、過去の失敗の歴史を共有することは、将来の成功に向けた大きな力になるはずだ。

ITシステムに関わる失敗は、現場の担当者であれば誰しも詳細について語りたくないものだ。取材の主旨に賛同し、取材に協力いただいた全ての方々に感謝し、敬意を表したい。

なお組織名や登場人物の役職は、特記しない限り当時のものを記載している。

２０２１年１月

日経コンピュータ

第1章

2020年、日本は「敗戦」を喫した

平井 卓也
デジタル改革相

平井 卓也（ひらい・たくや）氏
1958年生まれ。1980年上智大学外国語学部卒業後、民間企業を経て1987年に西日本放送社長に就任。2000年6月の衆院選挙に初当選して以来、一貫してIT政策を担当する。2018年10月IT担当相。自民党デジタル社会推進特別委員長を経て、2020年9月から現職。
（写真：的野 弘路）

良質な通信インフラも過去のＩＴ戦略も役に立たなかった。「敗戦」以外の何物でもない――。日経コンピュータの独占取材に応じた平井卓也デジタル改革相は、２０２０年の新型コロナ対策をこう総括した。

なぜ日本政府がＩＴ活用で世界に後れを取ったのか。20年余にわたり政府のデジタル化に取り組んできた平井改革相が「敗者の弁」を語った。（インタビューは２０２０年10月12日に実施）

――新型コロナウイルスの大流行でＩＴを使った感染症対策や行政支援が進んだ一方、様々な問題も起こりました。これを「デジタル敗戦」と呼んでいますね。

政府は２００１年にＩＴ基本法を施行しました。２００１年の「e-Japan戦略」や

2013年の「世界最先端IT国家創造宣言」などのIT戦略も打ち出しました。どの公約も全く実現できていません。しかも誰も責められていません。国民の期待もあまり大きくなかったからでしょう。だからデジタル政策は他の政策より優先順位が低かった。光ファイバー網や携帯電話のカバレッジといった通信インフラだけ見たら、日本はどの国にも負けていません。せっかく良質なインフラがあるのに、新型コロナという事態でうまく使い切れなかった。日本ほどの通信インフラを持たない国がITで成果を上げたのに、日本は過去のインフラ投資やIT戦略が全く役に立たなかった。「敗戦」以外の何物でもありません。

――敗戦の原因は。

結局、供給側が発想したデジタル化であり、国民起点でデジタル化を考えていなかった。今進めている「縦割り打破」はまだ管理者の発想です。国民からすれば、受けたい行政サービスをどの省庁が提供しているかは関係ない。「何省だ」と意識することこそが行政サービスのUI（ユーザーインターフェース）やUX（利用者体験）を悪くしているのです。今までスマートシティにしろデジタル・ガバメントにしろ、上（中央政府）から下（国民）に下ろす構造になっていました。反省すべき点です。

コロナ禍、デジタル政府は機能せず

日本政府は新型コロナ禍を乗り切る行政システムを2020年4月から相次ぎ立ち上げた。だが多くはトラブルに見舞われ、政府のＩＴ活用の後ればかりが目立った。政府が行政ＤＸ（デジタル変革）に着手する今こそ、失敗に向き合い、原因を分析する必要がある。「デジタルを生かせなかった日本の課題は技術力ではなく、国の構造にある。行政をデジタル前提でつくり変える改革が必要だ」――。新型コロナウイルスの感染拡大が一旦弱まり1回目の緊急事態宣言が明けた2020年6月中旬。政府の新型コロナ対策におけるＩＴ活用を担当した平将明内閣府副大臣（現衆院議員）は菅義偉官房長官（現首相）を訪ね、こう訴えた。

春先から続くデジタル活用の立ち遅れや混乱を総括し、平副大臣はデジタル政策を一手に担う新省庁の創設などを骨子とする改革の私案を伝えた。菅官房長官はこう応じた。「分かっている。もう分かっているから大丈夫だ」。

手作業より手間がかかる新システム

菅官房長官は当時、新型コロナ対策のＩＴ施策で思うような成果が出ず、デジタルを使いこなせない行政の実態を目の当たりにしていた。感染者の情報は紙やファクスの人海戦術に頼り、都道府県で数字の基準がそろわずリアルタイムで実態を把握できなかった。

国民に一律10万円を配布する特別定額給付金では、これまで普及に注力してきたマイナンバーカードを使うオンライン申請で混乱が生じ、1カ月で40以上の自治体が受付を取りやめた。国と地方の情報連携の不十分さが露呈し、混乱を招いた格好だ。

情報の活用能力が弱い行政の課題は、厚生労働省で新型コロナ対策の最前線に立った橋本岳副大臣（現衆院議員）も痛感していた。加藤勝信厚生労働相（現官房長官）と厚労省幹部を交えた対策会議において、幹部が情報確認や資料探しのために若手官僚を文字通り走らせる光景を何度も見た。そこには政策判断に必要な情報を1カ所に集約するITダッシュボードをつくるという発想はなかった。

「新型コロナ対策に焦点を絞った、感染者情報を管理する新システムが必要だ」。こう考えた橋本副大臣は2020年3月末に省内で開発を指示。ただ厚労省にプロジェクトを任せられるほどの能力を持つIT人材は「片手で数えられるほどしかいなかった」。

それでも新システム「HER-SYS」を1カ月強という短期間でつくり、2020年5月に稼働させた。だがIT人材の不足や拙速な判断に起因する不具合が続出。個人情報保護の機能が足りない点などを理由に、一部の自治体や保健所は導入にノーを突きつけた。

対応が終わり全自治体に利用が広がったのは稼働後4カ月たった2020年9月だった。

当初は入力項目が多すぎるなど「紙とファクスの届け出よりも時間がかかる」と苦情が絶えなかったうえ誤入力が相次いだ。

首相肝煎りの行政ＤＸ

ＨＥＲ‐ＳＹＳの失敗はそもそも平時からの「デジタル化を怠る」、これまでの政府の稚拙なＩＴ活用の代償とも言える。実は同じようなシステムを緊急でつくり、同じように失敗してきた過去があった。加えて、「ＩＴ人材が不足」している課題や「システムが利用現場のニーズに合わない」課題も失敗との関係が深い。

不具合で2カ月近く稼働が止まった雇用調整助成金のオンライン申請システムを巡っては「ベンダー丸投げが常態化」した課題が原因の1つになった。10万円給付のオンライン申請システムの混乱は「（省庁間の）縦割り・（国と自治体の）横割りがデジタルの効果を弱める」という課題に帰結する。

政府デジタル活用は課題山積――。それを肌身で感じた菅氏は２０２０年9月の首相就任直後、真っ先に取り組む政策にデジタル庁創設などを中核とする行政のデジタル改革を据えた。

具体的なテーマには「行政手続きのデジタル化の加速」や「国と地方を通じたシステム

の標準化・共有化」など4項目を掲げた。平井卓也デジタル改革相は「政府から国民に下ろす構造を、国民起点からに改める」と決意を語る。

日本政府は2000年から足かけ20年、行政の制度や手続きのデジタル化に取り組んだが、成果は芳しくない。新型コロナという世界的な危機に直面し、首相自らが最優先事項として挑む行政DX。「敗戦」から復興するには足元のほころびを直視する必要がある。デジタルをうまく活用できなかった6つの事例から、真の行政DXにつながる教訓をあぶり出す。

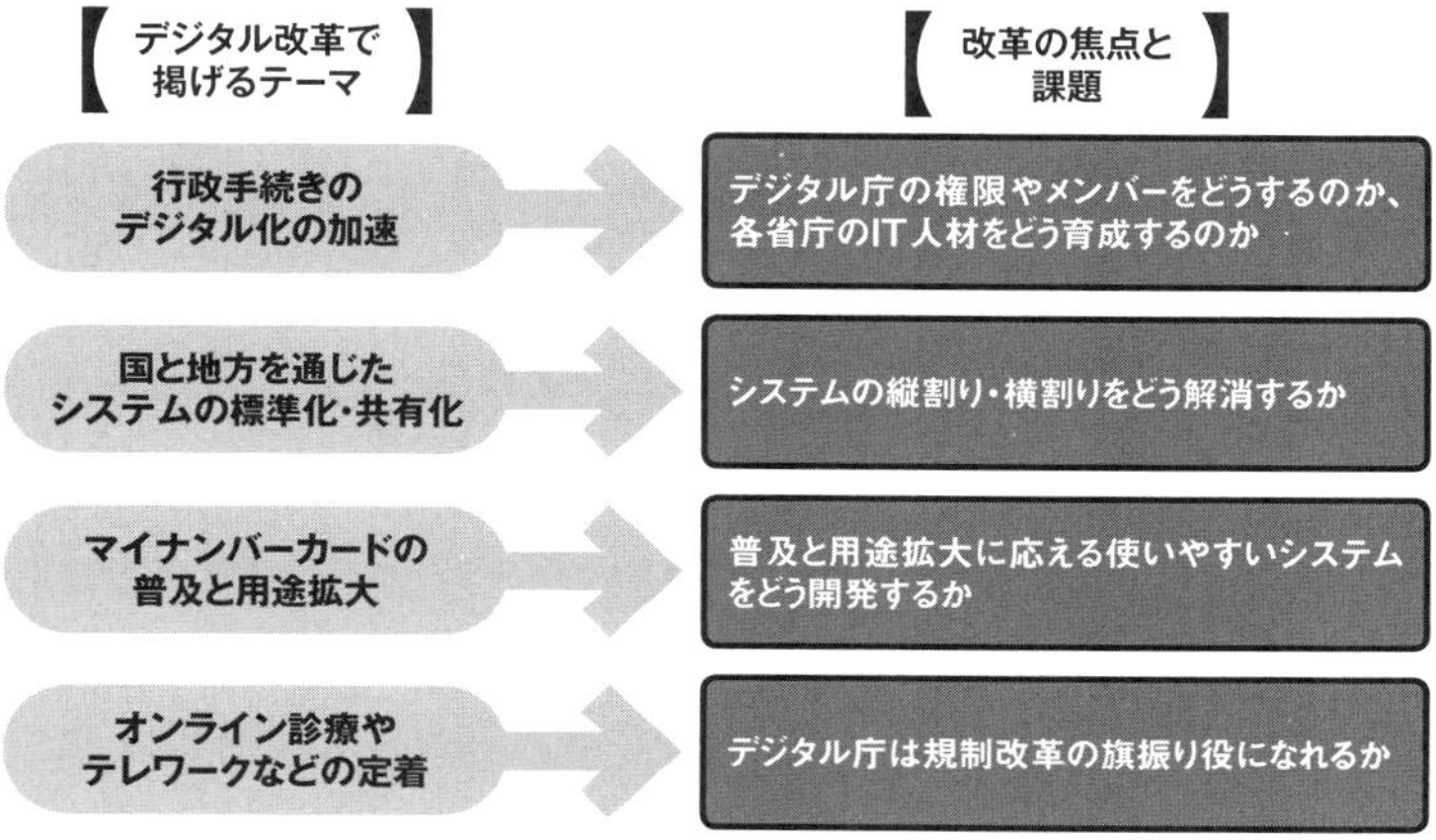
【デジタル改革で掲げるテーマ】
【改革の焦点と課題】
行政手続きのデジタル化の加速
デジタル庁の権限やメンバーをどうするのか、各省庁のIT人材をどう育成するのか
国と地方を通じたシステムの標準化・共有化
システムの縦割り・横割りをどう解消するか
マイナンバーカードの普及と用途拡大
普及と用途拡大に応える使いやすいシステムをどう開発するか
オンライン診療やテレワークなどの定着
デジタル庁は規制改革の旗振り役になれるか

行政改革・規制改革と一体の「デジタル改革」

図　菅政権がデジタル庁設置で掲げる改革テーマと焦点

感染者情報管理システム「HER-SYS」
――相次ぐ不具合、医療関係者らが反発

新型コロナの感染拡大を防ぎ、多忙を極める現場を救え――。政府は即座にデジタル活用へ動き出し、矢継ぎ早に新システムを稼働させた。だが多くはかえって現場の負担を高めてしまった。なぜITは役に立たなかったのか。

「もう止めようよ…。手書きの発生届…」。2020年4月23日、川崎市立川崎病院呼吸器内科の田中希宇人医長はTwitter上でこうつぶやいた。同院の感染症科では医師らが新型コロナウイルス感染症の診察や治療に当たるなか、医師である部長自らが新型コロナ感染症の発生届を作成して事務職員が保健所にファクスしていた。

河野太郎防衛相（現規制改革相）はIT担当の平将明内閣府副大臣（現衆院議員）にリツイートし、平副大臣は「引き取ります」と即答。厚生労働省は発生届をインターネット経由で登録する新システムを急ごしらえで開発し、2020年9月には全自治体で稼働した。

だが新システムの稼働後も、川崎病院では新システムではなくファクスを使わざるを得なかった。電子カルテ端末の近くにインターネット端末がないうえ、患者は複数の病棟に分かれて入院しているため、各病棟に専用端末とインターネット回線を用意するよりも従

来の手書きとファクスのほうが、効率が良いためだ。「（新システムは）病院の現状にとって現実的ではなかったようだ」（田中医長）。

全自治体での運用、4カ月の遅れ

新システム「新型コロナウイルス感染者等情報把握・管理支援システム（HER-SYS）」の目的は、保健所などの業務負担を減らし、感染者の情報を迅速に把握する点にある。2020年5月17日から試験稼働し、修正を経て同月29日から一部保健所で本稼働した。ただ保健所を設置している155自治体全てで運用を始めたのは、予定より1カ月以上遅れた2020年9月に入ってからだ。遅れた理由は2つある。

1つは機能不足だ。当初からHER-SYSを先行利用した東京都港区のみなと保健所はシステムの機能不足を理由に、厚労省がシステム改修をした9月10日まで実導入を見送った。自治体担当者は総務省のガイドラインに基づいて、ログやセキュリティー確保に必要な記録を保存する必要があるが、HER-SYSにはその機能がなかった。

もう1つの理由は使い勝手の悪さだ。2020年8月から東京都など多くの自治体で運用が始まると次々に明らかになった。まず患者1人当たりの入力欄が約200と膨大で、必須項目の判別もできなかった。

医療機関が発生届をオンラインで入力・送信することで、FAXによる連絡の効率化を目指した

（画像提供：厚生労働省）

厚労省は「通常の感染症で届け出る情報と、積極的疫学調査で収集する情報と、その両方をHER-SYSで管理することを目指したため多くなった」と説明する。医療機関や保健所からの不満を受け、厚労省は2020年9月初め、優先的に入力する項目を絞り込み、発生届と同等の項目数の入力で済む運用に改めた。

多忙を極める現場で大量の項目を入力すれば誤入力も増える。集めたデータを集計・分析できないと分かった厚労省は2020年11月には、システムに入力エラーをチェックする機能を追加するとともに、入力したデータを保健所や地方衛生研究所でチェックする仕組みを導入した。今後、HER-SYSの入力データに基づいて日々の感染者数などのデータを集計し公表していく計画だ。

過去の経験を踏まえなかった

なぜHER-SYSは医療機関や保健所からそっぽを向かれてしまったのか。それは過去の「経験」を踏まえなかったため、現場の実情に合ったシステムを設計・開発できなかったからだ。

HER-SYSは冒頭のツイートがきっかけで「ファクスをなくす仕組み」として注目されたが、実はツイートの1カ月前、2020年3月には厚労省が既に構想を固めていた。

その後、2020年4月8日に2020年度補正予算で開発費9億7000万円を確保し、4月下旬には元請けにパーソルプロセス&テクノロジー（パーソルP&T）を選定。同社は米マイクロソフトのクラウドサービス「Azure」上でHER-SYSをスクラッチ（既存のアプリケーションを使わずゼロから実装する手法）で開発し、約1カ月間で稼働させた。2020年9月にはHER-SYSに入力したデータを分析するためのマイクロソフトの「Power BI」の運用を開始したが、肝心のデータの精度管理の不備で活用ができていなかった。

通常、厚労省で感染症対策を担うのは結核感染症課だが、HER-SYSの仕様策定は省内ITを担う情報化担当参事官室が担当した。感染症対策の担当者とうまく連携できず、知見や経験が生かされなかった可能性がある。当時の厚労副大臣でHER-SYS導入に取り組んだ橋本岳衆院議員は「結核感染症課は目の前の新型コロナ対策で手いっぱいで、できる部署に割り振らざるを得なかった」と振り返る。

もともと日本には感染症法に基づき、医師らが発生届をファクスで保健所に送り、保健所と自治体が「感染症サーベイランスシステム（NESID）」に入力・精査して国立感染症研究所などが集計・分析する枠組みがある。田中医長がTwitterで訴えた発生届のファクス送信とはこのことだ。

ただNESIDは日次のデータ分析には対応しておらず、集計には数週間待たなければならない。新型コロナ対策で必要だったリアルタイムの情報収集と分析によるクラスター対策には向かなかったわけだ。

そこで厚労省は、従来の発生届に記入する内容を医療機関でHER-SYSに入力することでリアルタイムで収集・分析できるようにした。さらに従来保健所が聞き取るなどしていた感染者の状況把握や濃厚接触者の把握など「積極的疫学調査」で収集する情報も、保健所や患者がHER-SYSに入力できるようにする考えだった。だがそのために当初は入力項目が膨大に膨らみ、医療機関や保健所で混乱を引き起こした。

実は入力項目の多さから使われなくなったシステムが過去あった。2009年5月に最初の患者が発生した新型インフルエンザ対策で使ったNESIDのサブシステム「疑い症例調査支援システム」である。厚労省は過去の失敗を継承せず、再び犯したことになる。

加えて、医療機関や保健所が新型コロナの感染調査の目的やHER-SYSに入力したデータ活用について、不信感を抱いていた点も見逃せない。感染症対策コンサルタントで東京都看護協会危機管理室アドバイザーの堀成美氏は「入力したデータを誰がどう使うのか、どう感染症対策に役立てるのか、具体的に分からなかった」と振り返る。川崎病院の田中医長も「本当にコロナ抑制のためになるのであれば、どんなに入力項目が多くても現場はやり遂げる。ただそれには意義が必要だ」と話す。当初は発生届と積極的疫学調査の情報の同時収集を目指したが、その後に発生届の入力内容に絞るなど、厚労省の方針が二転三転。さらに入力データ活用の説明や情報開示が不十分だったことが、現場の不信感を生んだ。

厚労省は2021年度もHER-SYS関連の予算を要求、今後はNESIDとの統合も視野に入れる。まずは現在進行形の新型コロナ対策に向けて、HER-SYSの入力データを活用した感染状況把握と公表を進めるほか、透明性を持った運用をもって関係者の信頼を回復する必要がありそうだ。並行して、過去の失敗や経緯をいかに次のシステム開発に生かすか、現場の知恵の継承も必要になってくる。

接触確認アプリ「COCOA」――不透明さ残る発注、OSS技術者の善意が無に

政府が普及に力を注ぐ接触確認アプリ「COCOA」は、濃厚接触の判定精度の問題やアプリのバグに悩まされた。

一部の保健所では、アプリから濃厚接触の可能性ありと通知を受けた人から問い合わせが急増しているのに感染者の発見にあまり効果を上げていない。

判定精度の改善は一筋縄ではいかない。スマートフォン同士のBluetooth通信だけで接触距離を推定する動作原理上の難しさに加え、米アップルと米グーグルが開発した

API（アプリケーション・プログラミング・インターフェース）の内部機能はブラックボックスのままだ。様々な要因が絡む。

とはいえこの問題と、COCOAにバグが多く、改修に時間がかかる問題とは切り離して考える必要がある。バグの多さの背景には開発体制を構築するまでの複雑な経緯が関係しているからだ。

有志から保守を引き継ぐ

厚労省はCOCOAの開発をパーソルP&Tに委託していた。同社は元請けとして全体の工程管理を担当し、その配下で日本マイクロソフトが工程管理支援や技術支援に当たり、国内ITベンダーのFIXERがCOCOA向けのクラウドサービスの監視業務を担当している。COCOAのバグ改修や保守開発を担当するのはエムティーアイだ。

COCOAには基となるアプリがあった。有志のエンジニア集団「Covid-19 Radar Japan」がオープンソースソフトウエア（OSS）で開発したアプリだ。

実は、エムティーアイがCOCOAの開発に参加した2020年8月から、COCOAとOSSアプリの保守開発は完全に分岐した。厚労省が情報発信しなかったためほぼ知られていなかった。

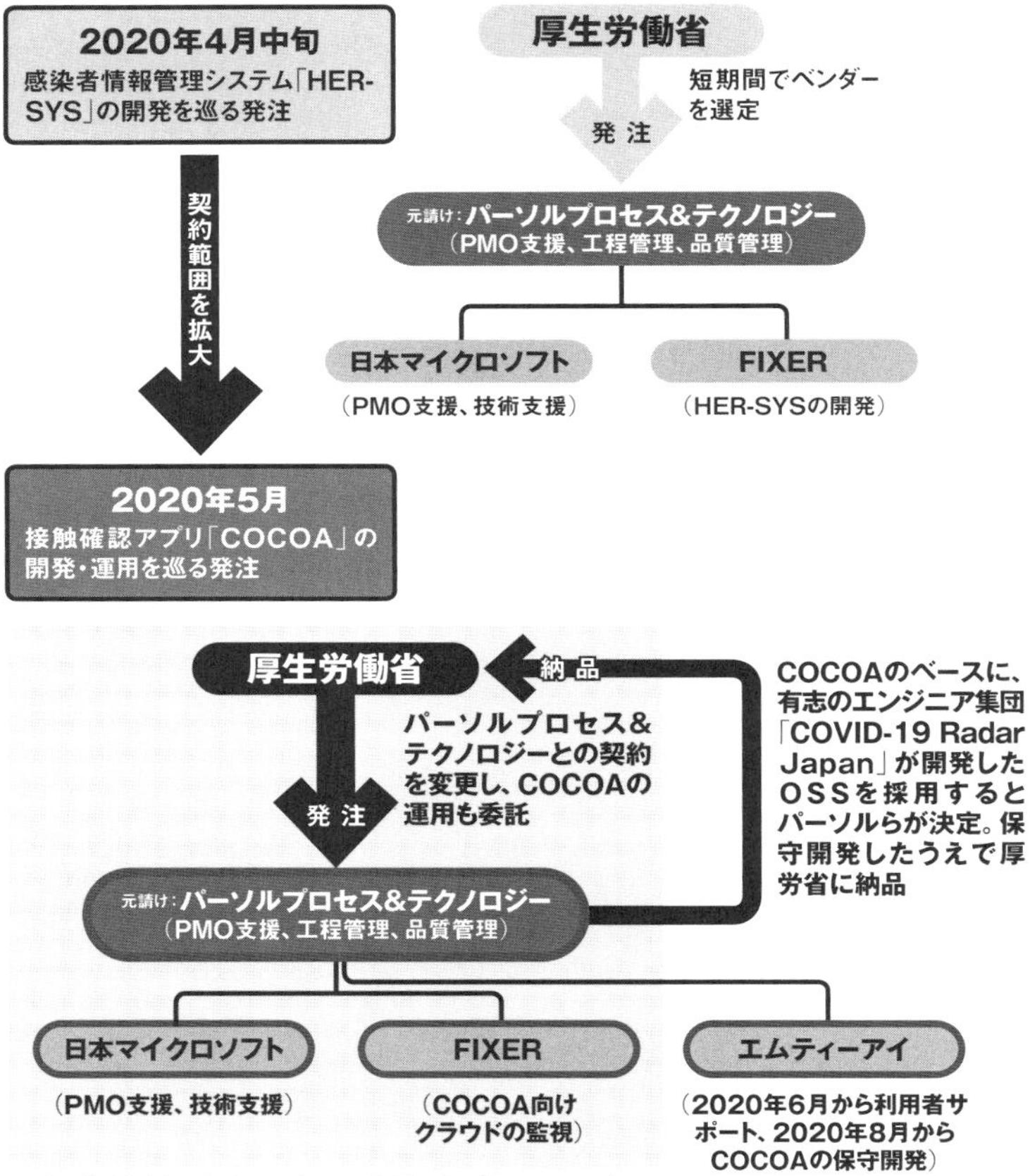

PMO：プロジェクト・マネジメント・オフィス、OSS：オープンソースソフトウエア

発注内容が感染者情報管理システムから接触確認アプリに拡大

図　新型コロナ対策で厚生労働省が調達したシステムとベンダー発注体制

それまで誰がCOCOAを保守していたのか。厚労省は「開発と納品はパーソルP&Tに任せていた。受け入れテストは厚労省が担当している」と話す。

パーソルP&Tへの取材や関係者がSNS（交流サイト）に発信した情報などを総合すると、COCOAのバージョン1・0が公開された2020年6月19日以降も、Covid-19 Radar JapanはOSSアプリをしばらく保守していた。

この間、パーソルP&Tは日本マイクロフト頼みだったようだ。OSSアプリの保守状況の把握やCovid-19 Radar Japanとの連絡、OSSアプリをCOCOAとしてリリースするための開発段階のテストなどを日本マイク

2020年	6月	19日	**バージョン1.0** 公開後1カ月間は試行版との位置付け
		30日	**バージョン1.1.1**※1 陽性登録に使う処理番号の入力機能を修正
	7月	13日	**バージョン1.1.2** **処理番号が登録できないバグ**について、処理番号の入力機能を修正
	8月上旬		**エムティーアイが新たに保守開発などを担当**
	9月	8日	**バージョン1.1.3** **接触判定が大きくばらつく場合があるバグ**を修正
		19日	内閣官房テックチームが有識者会合を開催。ログ収集など**アプリの抜本的改修方法を議論**
		24日	**バージョン1.1.4** **アプリ画面とスマホの通知とで接触判定処理が一部異なるバグ**を修正

試行期間を過ぎても基本機能の改修が続く

試行期間終了後にバグが頻発

図　接触確認アプリ「COCOA」の改修と主な対応の経緯

※1：iOS版のリリース日。1.1.1以降はAndroid版のリリースが数日遅いケースが多い

ロソフトに任せていたという。

6月から8月までの間にCOCOAを十分に改善する体制を取れていたかは疑問が残る。リリース後にアプリの根幹に関わるバグや開発初期からあったとみられるバグが続出していたからだ。

例えば厚労省は、公開から2カ月以上たった2020年9月8日に接触判定が大きくばらつく場合があるバグを修正した。さらに同月24日にはプッシュ通知で濃厚接触の可能性を知らせたのにアプリの画面では「濃厚接触はない」と表示するバグも修正している。後者のバグの原因は「通知とアプリの画面で、それぞれ別の接触判定のコードが実装され、判定ロジックが若干異なっていた」(厚労省の新型コロナウイルス対策本部疫学データ班)ためだ。

厚労省がパーソルP&Tを元請けに選んだ理由は、同社が下請けの日本マイクロソフトやFIXERとともにHER-SYSの開発も担当していたからだ。確かにCOCOAとHER-SYSは機能面で連携するというつながりはある。しかし保守開発の体制を考慮した発注体制の整備はなおざりにされてきた。

しかも厚労省はCOCOAの開発体制について、2020年9月の有識者会合まで情報を公開しなかった。そのため、バグ修正に時間を要したことでCovid-19 Radar Japanが非難されるケースもあった。

ＯＳＳ開発者たちの善意は、ベンダー選定のプロセスや開発体制を明確にしない厚労省に損なわれたと言ってもいいだろう。ＩＴ発注の透明性など原理原則の再構築が求められる。

医療機関と行政の情報共有システム「G-MIS」——自治体と国で同種のシステムが乱立

「神奈川モデルがなかったら、全国の医療機関との情報共有はここまで進んでいなかっただろう」。厚労省の佐藤拓也医政局地域医療計画課主査はこう振り返る。佐藤主査は２０２０年４月から医療機関と行政機関の情報共有に使う新システムである「新型コロナウイルス感染症医療機関等情報支援システム（G-MIS）」を担当している。

G-MISのユーザーは全国約８０００の医療機関である。各病院の稼働状況、病床などの状況、体外式膜型人工肺（ECMO＝エクモ）などの医療機器や、マスクや防護服といった医療資材の確保状況などを一元的に把握できる。

サイボウズのクラウド型プラットフォーム「k·intone」を活用し、厚労省が２０２０年５月１日から正式運用を開始した。開発は富士ゼロックスが担当した。

G-MISにはベースがある。神奈川県がk·intoneで構築し、２０２０年３月に稼働させた情報集約基盤である。厚労省と連携する内閣官房ＩＴ総合戦略室が神奈川モデルを基に約１週間でＧ-ＭＩＳを構築したという。

　新型コロナ禍では医療機器や医療資材の確保が大きな課題となった。Ｇ-ＭＩＳ稼働前は、厚労省が通知を出し、それに沿って都道府県が医療機関にメールでＥｘｃｅｌシートを送り、医療機関がシートを埋めて返送するやり方で情報を集約していた。返信のない医療機関には電話して情報を集めていた。

　２０２０年10月時点では毎日４０００～５０００の病院がＧ-ＭＩＳに情報を入力している。「コロナ感染者を受け入れると登録している医療機関に限れば、８～９割は毎日入力している」（佐藤主査）。

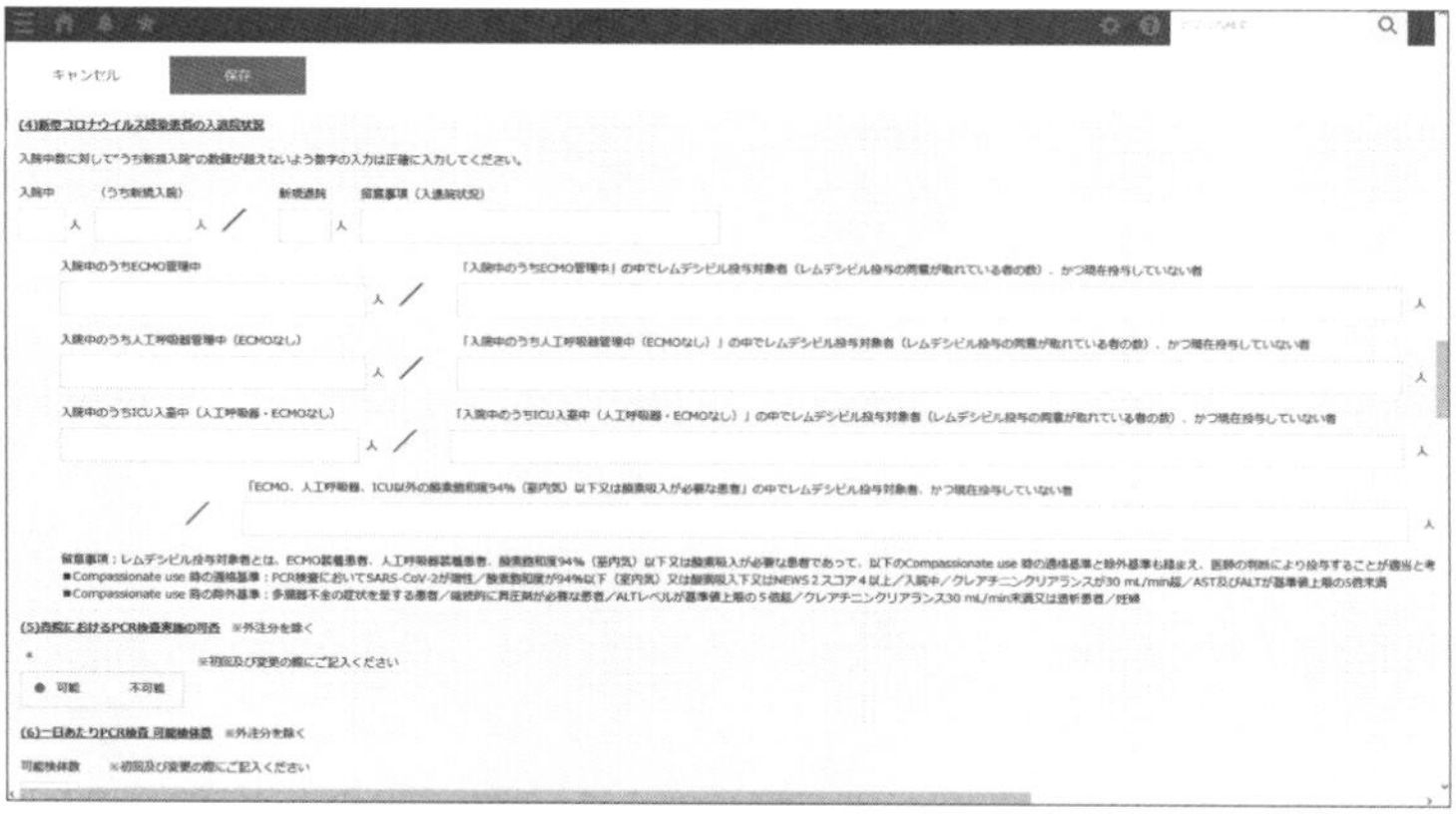

厚生労働省が内閣官房IT総合戦略室と連携して構築した、新型コロナウイルス感染症医療機関等情報支援システム（G-MIS）の画面
（画像提供：厚生労働省）

G-MISの利用が広がったことで別の問題が出てきた。神奈川県や大阪府など、独自に医療機関の情報収集の仕組みを構築した自治体では、医療機関がG-MISと自治体システムに2度入力する手間が生じていた。これらの自治体は独自システムが先に現場に行き渡ってしまったからだ。

神奈川県の先行事例があったからこそ早くに国がG-MISを構築できたと言えるが、国と自治体でシステムをバラバラに立ち上げる状況をいかに整理していくかは、今後の課題でもある。

3つの「壁」がIT活用を阻んだ

平 将明
衆院議員 前内閣府副大臣

平 将明（たいら・まさあき）氏
1967年生まれ。1989年早稲田大学法学部卒業。1996年家業である東京・大田青果市場の仲卸「山邦」社長就任。2005年衆院議員初当選。2019年内閣府副大臣就任、IT政策などを担当。2020年9月16日退任。

平将明衆院議員はIT政策担当内閣府副大臣（当時）として、政府の新型コロナ対策におけるIT活用を主導した1人だ。平議員の目に映った課題とは何だったのか。（インタビューは2020年9月25日に実施）

――IT政策担当の内閣府副大臣として、政府の新型コロナウイルス対策におけるIT活用に尽力しました。何が課題だと感じましたか。

新型コロナ対策におけるIT活用で顕在化したのはテクノロジーの問題ではなく、構造の問題でした。まず菅（義偉）首相が問題視するように、省庁ごとや部局ごとの「縦割りの壁」があります。

さらに国民が実際に行政サービスを受ける窓口である自治体と中央政府の間にも壁があります。個人データの広域連携や利活用を妨げる「個人情報保護法制2000個問題」などのような「横割りの壁」です。

「国が情報を管理するのは怖い」という国民の漠然とした不安感もあります。接触確認アプリの「COCOA」は個人情報保護法上の個人情報を扱わないにもかかわらず、「監視国家」とか「個人情報が漏れるのが怖い」と言われました。こうした不安はいわば「国民の壁」だと思います。

——IT企業の協力を得ながら新型コロナ対策に生かすITやデータの活用を検討し、迅速に開発することを目的とする、政府の新型コロナ対策テックチームの事務局長も務めました。2020年4月に発足したテックチームは厚生労働省と連携してCOCOAの開発などに取り組みました。

当時、日本でもITを使った新型コロナ対策については（接触確認アプリに限らず）政府や国会議員に対して外部からいろいろな提案がありました。しかし厚労省は現場の対応に手いっぱいで、話を持っていってもなかなか（具体化に）つながりませんでした。

そこでIT政策担当内閣府副大臣である私を事務局長としてテックチームを立ち上げることになったのです。新型コロナ対策を担当する西村康稔経済財政・再生担当相はAI（人工知能）などに興味があって「それはいいことだ」という話になりました。

テックチームの目玉は接触確認アプリで、できる限り早く導入したかった。（2020年3月に）シンガポールが感染経路を追跡するためのアプリの国内配布を始めて話題になり、各国でも同様の取り組みを進めていました。

ところが厚労省は当初、積極的ではありませんでした。公衆衛生当局にやる気がないのでは進みません。

テックチームは危機感を覚え、私は厚労省にかなり強く言いました。厚労省に橋本岳厚労副大臣（当時）がいたのでずいぶん助かりました。橋本さんは私の言うことを理解して厚労省に指示を出してくれたので、（アプリの開発に向けて）動き出すことができたのです。

アプリの開発や検討を進めていた企業や団体は、一般社団法人コード・フォー・ジャパンや楽天など複数ありました。従って私は、互換性を担保することが大切だと（政府の）担当者に指示していました。そうするうちに、2020年5月4日に米グーグルと米アップルが両社の技術を活用したアプリ開発を公衆衛生当局に限るとする方針を出してきたのです。

厚労省が開発を進めていた感染者情報を集約するシステムである「HER-SYS」と連携した枠組みで接触確認アプリにも取り組むことになり、厚労省で一括調達して、厚労省が運用すると決めました。もちろんグーグルとアップルの仕様書に準拠しないという選択肢もあったのですが、アプリはOSとの相性が非常に重要だと考え、準拠すべきだと私は判断しました。

――新型コロナでのIT活用策からどんな教訓を得ましたか。

大臣、副大臣、政務官といった政務三役がリーダーシップを取る必要があるということです。特に省庁横断型のプロジェクトではそれが重要です。

官僚は与えられたミッションをちゃんとやるのが仕事ですよね。（プロジェクトを）生態系として捉えたときに、どこに目詰まりがあるのかを見つけて、それを解消するために政務三役がいるわけです。何かのご褒美で三役になっているわけではありません。

その意味ではデジタル庁というのは非常に良いと思います。菅首相が音頭をとって、デジタルに詳しい平井卓也さんがデジタル改革相になりました。

平井さんは政治家になる前は経営者でした。（組織運営には）民間の感覚も大切ですよね。なぜなら経営者は企業を生態系として捉えているからです。

顧客満足度がなぜ上がらないのかを考えながら、どこかで目詰まりを起こしていればそれを取り除いて、売り上げが上がるようにしている。初期投資もしていますし、ランニングコストもかかっていますから。役所は資金繰りに詰まることがないから、生態系として捉えるという意識が希薄です。

実は2020年6月12日、冒頭に挙げた3つの壁を打破すべく、菅官房長官（当時、現首相）にデジタルガバメント庁（仮称）の設立や自治体システムの統一化などを骨子とする提案を持ち込みました。

この提案のビジョンは、リアル空間からデジタル空間に都を移す「デジタル遷都」です。東京に住む必要も東京に物理的に足を運ぶ必要もなくなるので、地方創生が加速します。デジタル遷都と「地方創生2・0」はセットなのです。

――菅さんの反応は。

菅さんは「分かっている」と言いました。「もう分かっているから大丈夫」と。デジタル庁構想を見ると私の提案とほぼ同じでした。私の提案は3カ年計画でしたが。

――菅政権は2025年度までに自治体システムを標準化すると掲げていますね。

今の行政業務をそのままITに置き換えるだけだと5年後には（デジタル先進国に）10年の後れを取ってしまうと思います。そうしないためには行政の業務プロセス改革（BPR）を一緒に進める必要があります。平井デジタル改革相が河野（太郎）規制改革相と週1回の会合を設けているのは、それを理解しているからでしょう。

ただ完成が5年後と言うなら、BPRだけでも不十分です。AIを活用した政府という視点を持ち、どう実現するかから逆算して、工程表を組み立てるべきだと思います。

雇用調整助成金オンライン申請システム
——提案内容の精査怠る

政府はコロナ対策で複数の給付金事業とその分のオンライン申請システムを立ち上げた。「一刻も早く届ける」「窓口の密を避ける」と意気込んだが、拙速な判断があだとなった。厚生労働省が担当する雇用調整助成金（雇調金）のオンライン申請システムは、ハローワークでの密を避けるため開発を急いだシステムの1つだった。しかし2020年5月20日の稼働初日に個人情報が漏洩する不具合が発生し、即日停止した。不具合を修正して再開した2020年6月5日も稼働後すぐに同様のトラブルが発生した。

2度の「即停止」を重く見た厚労省は第三者にシステム監査を依頼。再度の改修と慎重なテストを経て、最初の稼働から3カ月後の2020年8月25日にようやく稼働を再開した。

厚労省は同システムの開発と運用を富士通に発注した。選定の理由は、雇用保険など労働行政で使われるハローワークのシステムを開発運用する富士通ならば、「雇調金の業務にも通じており、妥当だと判断した」（厚労省雇用開発企画課）からだ。

日経コンピュータは検証のため情報公開請求し、システム監査を担当したフューチャーアーキテクトが厚労省に提出した報告書を入手した。報告書から読み取れるのは、この過信が後の発注のずさんさにつながったことだ。

厚労省は2020年4月27日に富士通にシステム発注を打診した。富士通は、ソフト開発の工数を減らせるローコードプラットフォームを手掛ける米ペガシステムズ日本法人のペガジャパンを協力会社に選び、同社のクラウドサービスをカスタマイズする方法を厚労省に提案した。

2020年5月1日には富士通がプロトタイプを厚労省の担当者に示し、担当者はその場で提案内容を了承したという。加えて厚労省と富士通は同日中に本稼働日を2020年5月20日とする方針まで一気に固めた。

この時点で富士通は単独で開発工数

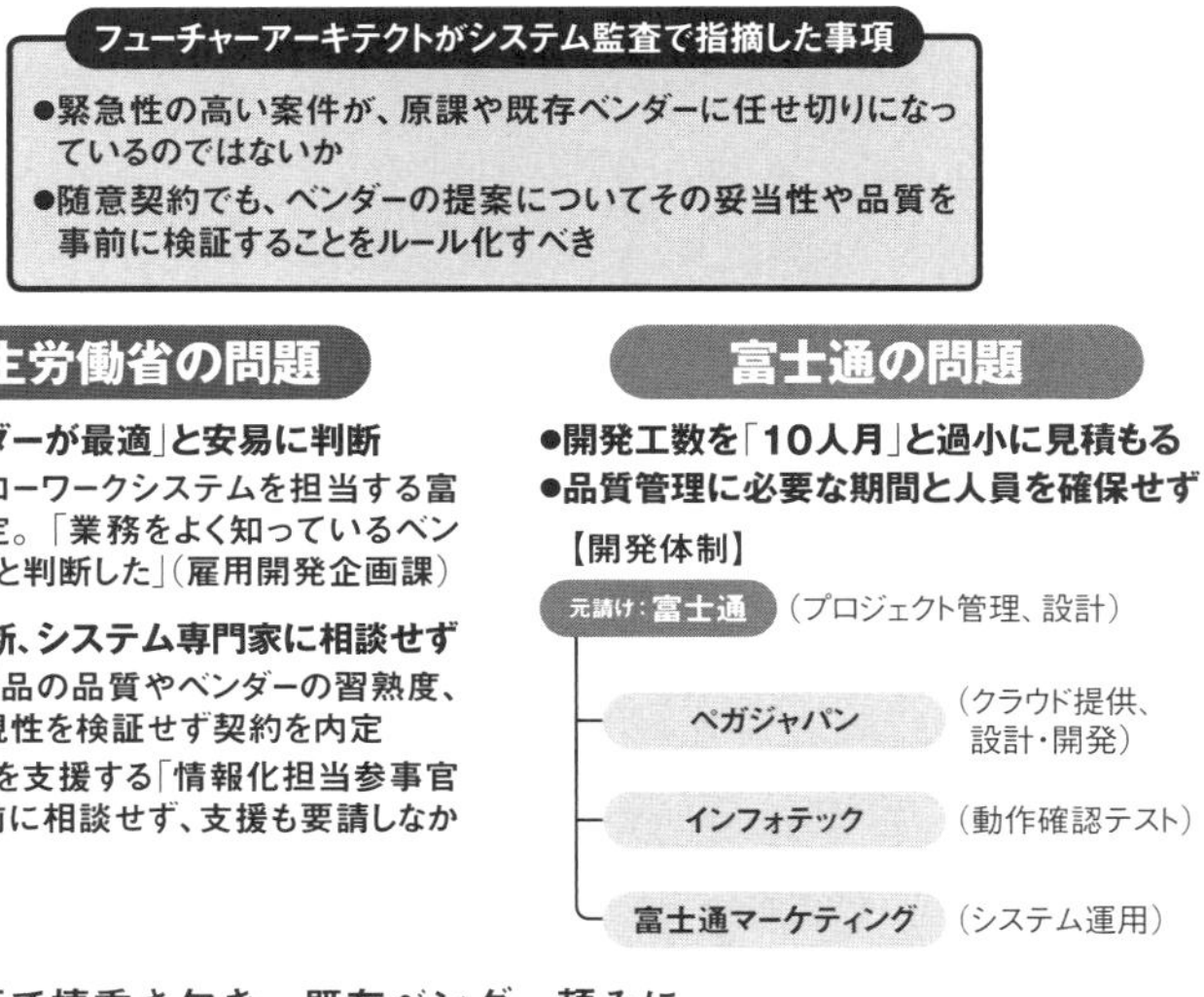
●緊急性の高い案件が、原課や既存ベンダーに任せ切りになっているのではないか
●随意契約でも、ベンダーの提案についてその妥当性や品質を事前に検証することをルール化すべき
●「既存ベンダーが最適」と安易に判断
・現行のハローワークシステムを担当する富士通を選定。「業務をよく知っているベンダーが最適と判断した」(雇用開発企画課)
●検証なく即断、システム専門家に相談せず
・提案した製品の品質やベンダーの習熟度、提案の実現性を検証せず契約を内定
・システム化を支援する「情報化担当参事官室」に、事前に相談せず、支援も要請しなかった
富士通の問題
●開発工数を「10人月」と過小に見積もる
●品質管理に必要な期間と人員を確保せず

元請け：富士通

(クラウド提供、設計・開発)
インフォテック
(動作確認テスト)
富士通マーケティング

緊急事態下で慎重さ欠き、既存ベンダー頼みに

図　雇用調整助成金オンライン申請システムの発注における問題点

を10人月と見積もっている。報告書に因果関係は記されていないが、この工数を基に本稼働日を決めたとみられる。開発を急ぐ厚労省は、競争入札が難しい緊急時に認められている「緊急随意契約（緊急随契）」を富士通と結び、開発をスタートさせた。

報告書によれば、厚労省の担当者らは富士通の提案の実現性をほぼ何も検証せずに発注を即決したという。ペガのクラウドサービスが十分な性能や品質を持っているか、富士通や協力会社が同クラウドに習熟しているかなどを精査しなかったのだ。

フューチャーの検証によれば10人月の工数見積もりは過少だった。情報公開時に厚労省は報告書から消去したが、フューチャーが算出した必要工数はこの2倍以上だったとみられる。

発注者側の強い要請を受けると、受注者側は納期や開発体制に無理が生じやすくなる。後戻りの許されない緊急時だからこそ、発注の適正さを冷静に検証する必要がある。

持続化給付金オンライン申請システム――大事業に隠れ高額発注か

売り上げが減った個人事業主や中小企業を対象にした持続化給付金を支給するに当たり、経済産業省と中小企業庁は全手続きを申請用サイトに一本化した。オンラインで申請しやすいように押印書類をなくすなど、手続きも思い切って簡素化した。

給付のスピードや簡便さでは合格点とされるものの、システム構築費用の妥当性は検証すべきだ。いわゆる「特急料金」込みでも、業界水準より高額な可能性があるからだ。

中企庁は持続化給付金の事業を元請けであるサービスデザイン推進協会に

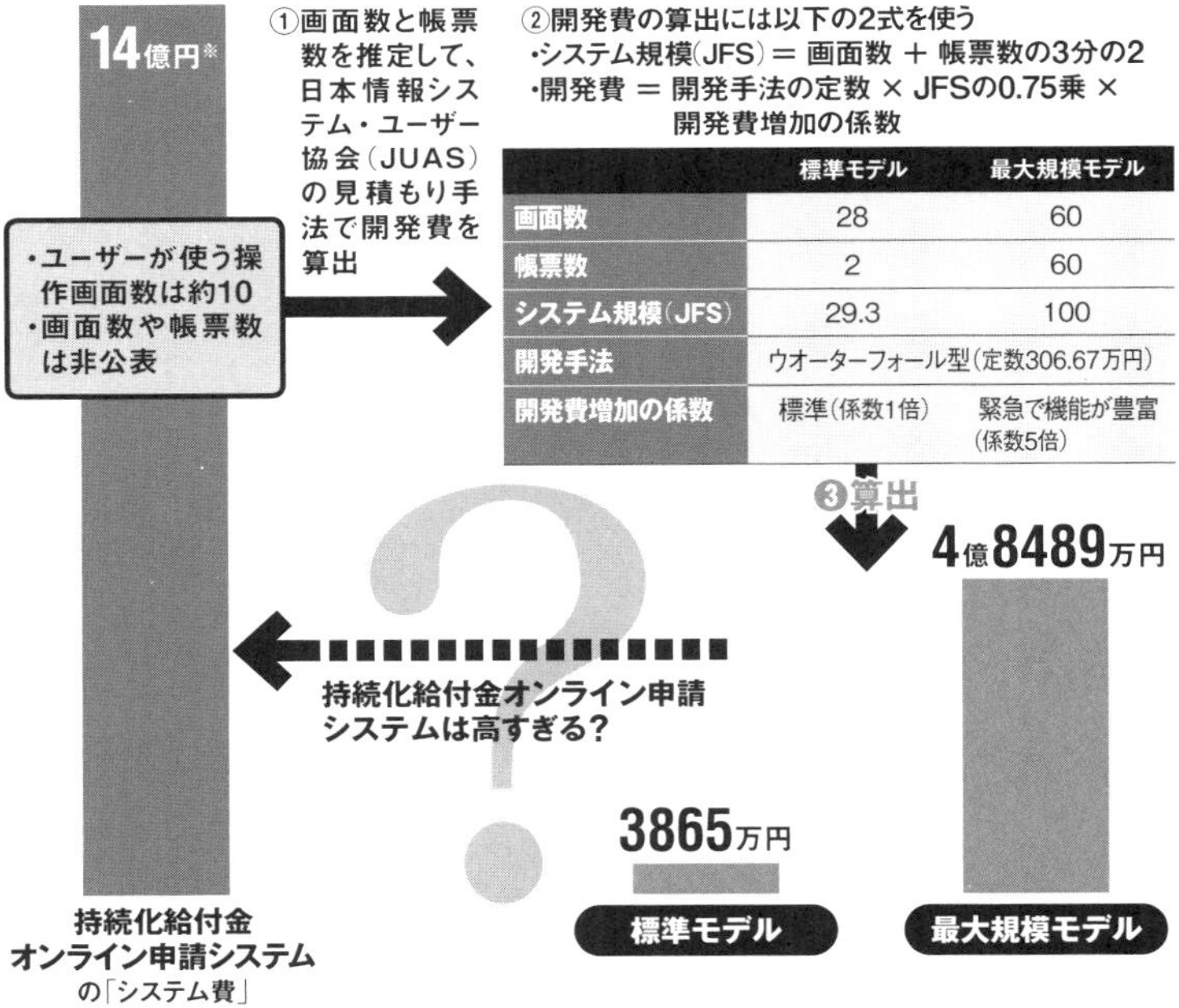
14億円※
・ユーザーが使う操作画面数は約10
・画面数や帳票数は非公表
①画面数と帳票数を推定して、日本情報システム・ユーザー協会（JUAS）の見積もり手法で開発費を算出
②開発費の算出には以下の2式を使う
・システム規模（JFS）＝ 画面数 ＋ 帳票数の3分の2
・開発費 ＝ 開発手法の定数 × JFSの0.75乗 × 開発費増加の係数
❸算出
4億8489万円
3865万円
持続化給付金オンライン申請システムは高すぎる？
持続化給付金
オンライン申請システム
の「システム費」
標準モデル
最大規模モデル

	標準モデル	最大規模モデル
画面数	28	60
帳票数	2	60
システム規模（JFS）	29.3	100
開発手法	ウオーターフォール型（定数306.67万円）	
開発費増加の係数	標準（係数1倍）	緊急で機能が豊富（係数5倍）

業務委託の中で見えにくい高額発注

図　持続化給付金オンライン申請システムの発注額の妥当性

※中小企業庁は元請けのサービスデザイン推進協会に769億円で持続化給付金事務事業を委託。同協会の委託先である電通が子会社の電通国際情報サービスなどに14億円で持続化給付金オンライン申請システムの開発を再委託した。

769億円で委託。同協会の再委託先である電通は子会社の電通国際情報サービス（ISID）などにオンライン申請システムの開発と運用を再々委託した。

費用や委託先の不透明さが取り沙汰されるようになり、中企庁は2020年10月12日に中間検査報告書を公表した。1分間に1万2000申請を処理できるようにクラウドサービスをカスタマイズして開発したシステムの費用は14億円。内訳は人件費が6億5000万円でクラウドサービスのライセンス費などが7億5000万円だった。報告書には大量調達で安価に仕入れられた旨の記載はあっても課題などの指摘はない。

日経コンピュータは日本情報システム・ユーザー協会（JUAS）の見積もり手法で、同システムの開発費を見積もった。結果、標準モデルが3865万円、緊急時を想定した最大規模モデルでも4億8489万円だった。14億円の2・7～34・6％である。

同手法は画面数と帳票数などを基に開発費を算出する。「広範に使える見積もり手法だが、極めて短納期だと開発費が2～3倍になることもある」（元JUAS専務理事で同手法に詳しいアドバンスト・ビジネス創造協会の細川泰秀副会長）。

持続化給付金オンライン申請システムの画面数や帳票数は「非公表」（中企庁）だが、申請時にユーザーが使う画面数は約10だ。そこで同じくユーザー画面数が約10で「画面と帳票の総数が30」（厚労省雇用開発企画課）である雇調金オンライン申請システムを参考に、標準モデルでは画面数を28、帳票数を2と仮定して開発費を算出した。

最大規模モデルでは画面数と帳票数をそれぞれ60と仮定し、「緊急で機能が豊富」な開発として5倍の係数を乗じた。それでも乖離《かいり》は大きい。

持続化給付金は2020年9月から事業の委託先が別の企業に切り替わったため、このシステムの運用はわずか4カ月で終了した。デジタル庁には大きな事業に隠れているシステムにも踏み込んで、調達を最適化する改革が必要だ。

特別定額給付金オンライン申請システム——入力チェック機能がなく誤記入多発

政府が新型コロナ対策として華々しく打ち出したのにかえって混乱を招いたのが、2020年5月から開始した10万円の「特別定額給付金」のオンライン申請だ。政府はマイナンバー制度の個人向けWebサイトである「マイナポータル」で世帯ごとの申請を受け付けて、申請した世帯主と同じ名義の金融機関の口座に振り込む手はずだった。

二重給付や不正受給を防ぐには厳格な本人確認が必要だが、マイナポータルは申請者がデータを入力した段階で誤りをチェックできない仕様だった。さらにマイナポータルから自治体に渡る入力データは一方通行であるため、申請者が世帯主ではなかったり二重申請だったりしてもマイナポータルからどんどん自治体に入力データが流れていった。これにより自治体は申請された個人情報が正しいのか、目視でチェックに追われる事態となった。

マイナポータルが申請データの入力段階で誤りをチェックできないのは、マイナポータルを運用している内閣府が住民の世帯情報を持たないためだ。世帯情報は自治体それぞれが住民基本台帳で管理しており、住民基本台帳をネットワーク化した「住基ネット」で扱えるのは住民の氏名や住所、住民票コード、マイナン

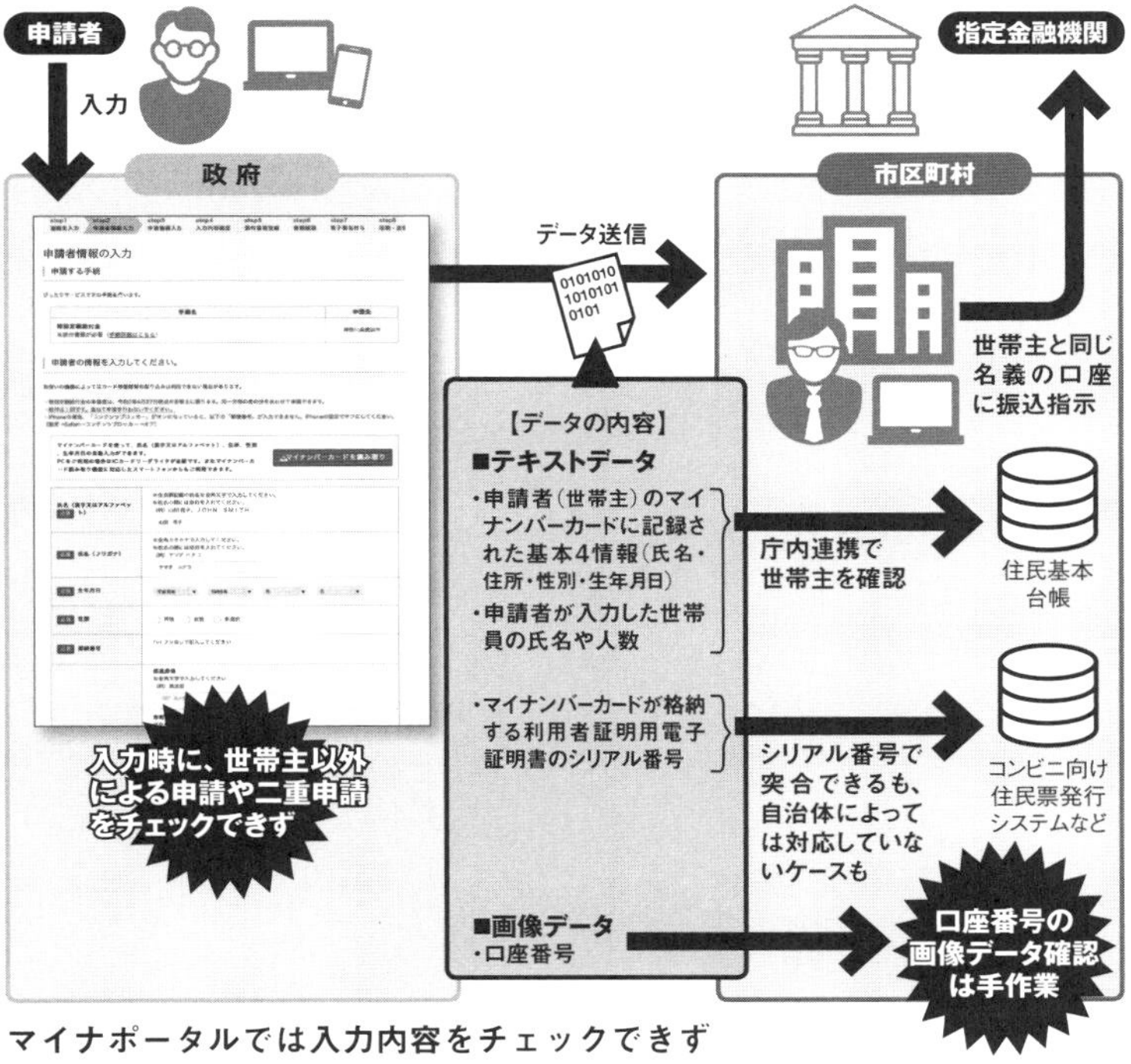

マイナポータルでは入力内容をチェックできず

図　特別定額給付金オンライン申請の課題（画像出所：内閣府）

バーなどに限られる。マイナポータルではマイナンバーカードに記録された申請者の氏名などしか確認できない。

しかも当初は電子証明書の情報と申請者の氏名が異なっても申請できたり、シリアル番号が異なったりした。複数の自治体の指摘で修正された。

政府は今後こうした給付を迅速にするため、預貯金口座にマイナンバーを付番する検討を進めている。一方で政府は金融機関の口座番号から名義を確認して公金口座にできる仕組みを導入しており、自治体関係者からはマイナンバーの付番不要論も上がる。実務を担う自治体が住民の口座情報を扱う業務を合理化できる仕組みを検討する必要がある。

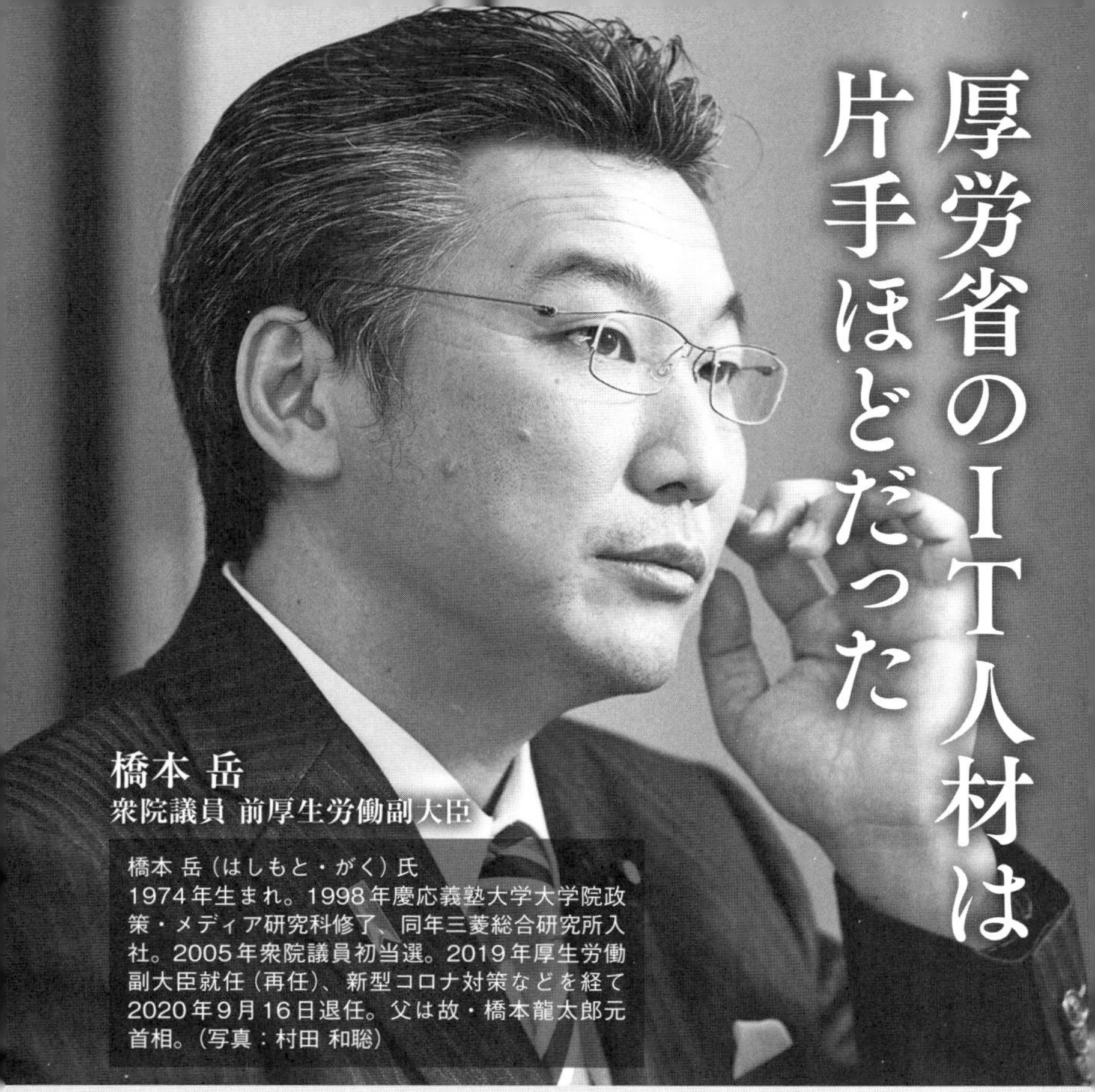

厚労省のIT人材は片手ほどだった

橋本 岳
衆院議員 前厚生労働副大臣

橋本 岳（はしもと・がく）氏
1974年生まれ。1998年慶応義塾大学大学院政策・メディア研究科修了、同年三菱総合研究所入社。2005年衆院議員初当選。2019年厚生労働副大臣就任（再任）、新型コロナ対策などを経て2020年9月16日退任。父は故・橋本龍太郎元首相。（写真：村田 和聡）

新型コロナウイルス対策の司令塔の1つである厚生労働大臣室はコロナ感染者の正確なデータをリアルタイムで把握できておらず、厚労省職員は医療機関や保健所に片っ端から電話をかけていた──。橋本岳前厚労副大臣は2020年3月の厚労省内部をこう振り返る。（インタビューは2020年10月5日に実施）

──厚労省の新型コロナウイルス感染症対

策推進本部でCIO（最高情報責任者）を務めました。

はい、そのポストを自分でつくったんです。そういう役割を果たす人がいなかったので。感染者情報を集約する「HER-SYS」や医療機関と情報共有する「G-MIS」といった新システムは、当時厚労政務官だった自見英子参院議員と私との発案です。

――新型コロナ対策にIT活用が重要だと思ったのはなぜですか。

2020年1月下旬から日本でも新型コロナ感染者が報告され始め、大臣室で対策会議を毎日開いていました。そこでは加藤勝信厚労相（現官房長官）が「濃厚接触者は何人か」などと聞くと、事務方の偉い人が後ろに座る若い官僚に尋ね、その官僚が調査のために走って出て行く風景が繰り返されていました。大臣が意思決定するのにどんな情報が必要なのかを事務方がまだよく分かっていなかったので、この時期にそうだったのは仕方なかったと思うんです。

私は2020年2月11日から新型コロナの集団感染が発生した大型クルーズ船「ダイヤモンド・プリンセス」に常駐し、3月半ばに厚労省に復帰しました。欧米では感染爆発が起こっていた時期と重なりますが、大臣室での会議は1月下旬と全く同じでした。

ここに至っても、新型コロナ対策の司令塔の1つである厚労大臣室が正確なデータをリアルタイムで把握できておらず、非常にまずいと思いました。都道府県の報告と保健所の報告とで数字が頻繁に食い違ってもいました。

厚労省の新型コロナ対策推進本部では、職員が必要な情報を得るために全国の医療機関や保健所に片っ端から電話をかけていました。対策推進本部の中も、サーベイランス班や医療体制班、検査班などの「縦割り」が生じていたのです。しかし電話を受けるほうからすれば「厚労省として聞きたいことをまとめてから電話してほしい」と思うでしょう。

厚労省の情報ツールは電話とファクスとせいぜい電子メールでした。様々なシステムの必要性を感じました。そこで、新型コロナ対策推進本部のCIOとして、HER-SYSやG-MISなどの開発について進捗を管理し、部署間やシステム間で連携できるようにする体制を設けました。

――HER-SYSを新たにつくろうと考えたのはなぜですか。感染者情報を集計するシステムにはもともと「感染症サーベイランスシステム（NESID）」があります。

NESIDには2つの課題がありました。1つは集計や報告のミスが生じがちだったことです。医療機関は感染症法に基づく発生届を手書きとファクスで保健所に送り、保健所や自治体がそれをNESIDに入力していましたが、医療機関にも保健所にも入力の負担が重く、ミスにつながりがちでした。

もう1つは感染者や濃厚接触者が自らスマホアプリやWebサイトで入力するようにし

たかったのですが、その機能がＮＥＳＩＤにはなかった。保健所は自宅療養をしている感染者や濃厚接触者を健康観察しています。そのために保健所職員が電話をかけていたので、これもかなりの負担でした。

そのため、発生届の入力から健康観察のフォローアップまでをクラウドベースで一貫して管理できるシステムをつくりたかったのです。

――原課ではなくて、橋本さんたちが積極的に提案して動いた案件だったということですか。

新型コロナ対策推進本部にいる厚労省職員は目の前の仕事をやるので一生懸命でした。私や自見議員の役割は全体を見渡すことです。

例えばＨＥＲ-ＳＹＳは健康局結核感染症課、Ｇ-ＭＩＳは医政局の所管になります。しかし、各原課は忙しいうえに、普段からＩＴベンダーとの付き合いは少なく、ＩＴ人材にも乏しい。厚労省は今後この点を改善すべきだと思います。

システムの提案を広く募集して、それを評価し、構築していく能力は原課にはありませんでした。そこでＧ-ＭＩＳは内閣官房ＩＴ総合戦略室に、ＨＥＲ-ＳＹＳは厚労省情報化担当参事官室にそれぞれ私から頼んで手伝ってもらったのです。

――政府内の他の部局と連携しながら、システム開発がどのくらい進捗しているかをチェックする。それが厚労省の新型コロナ対策推進本部CIOとしての橋本さんの役割だったわけですね。

そうです。（例外的に）原課任せにしたのが雇用調整助成金（雇調金）のオンライン申請システムでした。

原課から「付き合いのあるベンダーと相談してやります」という報告はありました。私は他の仕事で忙しかったものだから「じゃあそうしたらいい」と、それ以上何もコミットせずに放っておいた。結果的に（2020年5月20日に稼働を開始したが、2度不具合が発生し、2020年8月25日に稼働を再開した）トラブルにつながったので個人的にはそれが敗因だったと思っています。

何でも私に相談しないと組織が動かないのはよくないけれど、たまたまそういう扱いをしたものが、ああいう結果になってしまったことを遺憾に思っています。これまでの政府システムと同じ発注方法を取ってしまったという反省事例です。

――新型コロナで得た教訓を教えてください。

一言で言うのは難しいですね。原課が普段から仕事をシステム的にやろうという発想を持って、自分たちでシステムの発案や企画ができると、今回のような不測の事態にも対応しやすかったのではないでしょうか。片っ端から電話するのではなく、クラウド上に調査システムをつくったほうがいいと誰も考えず、新型コロナとの戦いに臨んでいました。

厚労省の職員は全員簡単なプログラムを書けるように研修すべきです。新しい制度や行政サービスにどうＩＴを絡ませるかという発想には、ＩＴの原理を知っていることが欠かせません。厚労省でそうした発想をできるＩＴ人材は当時、片手で数えられるほどしかいませんでした。

――平井卓也デジタル改革相は、ＩＴを使った新型コロナ対策がもたらした混乱を「デジタル敗戦」と呼んでいます。

２０００年のＩＴ基本法制定から20年。これではデジタル敗戦と言われても仕方ないですよね。とはいえ敗戦と気付いたのは大きいです。次はどうすれば「勝てる」のかを考えるフェーズだと思います。

第2章

電子政府を巡る
20年の大混乱

菅義偉首相肝煎りのデジタル庁創設に当たっては「ＩＴ調達予算の一元化」が重要な布石となる。対象となる政府ＩＴ予算は毎年およそ７０００億円。各省庁が個別要求していたものを内閣官房に一本化することで同じようなシステムをつくる無駄を省きつつ、必要なデジタル投資を増やす狙いがある。

一元化の根拠は国の行政手続きを原則電子化すると定めた「デジタルファースト法」と、同法に基づき２０２４年度中に９割を電子化するための工程表「デジタル・ガバメント実行計画」の２つだ。政府関係者によると、同法が２０１９年５月に成立した当時、一元化の必要性を主張したのは平井卓也ＩＴ担当相（現デジタル改革相）で、菅官房長官（当時）が平井大臣に具体案の作成を求めたという。

内閣官房は２０２０年度からＩＴ調達の一

2013年
- 政府が分割発注方式の原則導入を廃止し、技術点重視の競争入札も可能に
- 政府共通プラットフォームが運用開始、官製の「霞が関クラウド」
- 年金システムと特許庁システムの刷新が再始動

2018年
- 政府システムでクラウド採用を第1候補として検討する「クラウド・バイ・デフォルト原則」を策定

2020年
- 第2期政府共通プラットフォームが稼働、米アマゾン・ウェブ・サービスの「AWS」を採用
- 給付金やコロナ対策のシステム稼働や調達で混乱

元化を始め、２０２１年度予算では約３０００億円を一括計上した。長らく省庁縦割りだったＩＴ予算にようやくメスが入った格好だ。

発注能力高める改革にかじを切る

ただし、政府がＩＴ調達の改革に乗り出したのはこれが初めてではない。ここに至るまで政府はＩＴ調達の改革を20年続けてきた。まず改革の経緯を簡単に振り返ろう。

ＩＴ調達改革の発端は１９９０年代後半に遡る。オープンシステムが存在感を増してきた当時、官公庁の巨大システム費用の高止まりが問題視された。大手ＩＴベンダーは「１円入札」で新規構築を落札し、その後に高額な随意契約を結んでいたのだ。いびつな「囲

1990年代
メインフレームと大手ベンダーに依存、高コスト構造が問題に
2002年
脱レガシー、競争・新規参入を促す改革でコスト削減へ
2007年
分割発注の弊害などで調達の失敗が相次ぐ
1990年代末～
・行政システムやハードの競争入札で極端な安値入札が頻発
2002年
・自民党や政府がメインフレームや大手ベンダーに依存する体制の見直しを提言
2003年
・政府がIT調達でオープンシステムを原則採用する方針打ち出す
2006年
・政府がIT調達で競争を促す分割発注の導入方針を決定
・特許庁が分割発注方式で特許システムの調達に着手
2006～2010年ごろ
・特許庁のシステム開発が迷走
2007年
・政府が5億円以上のIT調達で分割調達を原則導入
2012年
・特許庁システムの開発中止が決定
・年金システムの基本設計が凍結に

・「政府CIO」を新設、CIO補佐官もプール制にして各省の支援を強化

「脱ベンダー」目指すも迷走が続く

図　政府のIT調達改革の軌跡

い込み」が批判を集め、2002年から政府などが調達改革に乗り出した。

成果は総務省が2007年3月に通達した「情報システムに係る政府調達の基本指針」に結実した。新規案件はオープンシステムを原則とし、5億円以上の調達には工程や機能でシステムを分割する「分割発注」を原則義務付けた。中小ベンダーの参入で競争を促してIT費用を適正化する狙いだった。

しかし改革は失敗する。2006年に分割調達で始まった特許庁の基幹系システム刷新プロジェクトはベンダーが完遂できず、2012年に中断。発注者が調達仕様書にない方針をごり押しした結果、55億円をドブに捨てた。同じく分割調達を導入した社会保険庁（現日本年金機構）のシステム刷新も仕様が肥大化して頓挫した。

失敗の原因はベンダー丸投げで弱体化した政府のIT発注能力にあった。

2012年からの再改革では分割発注の義務を取りやめる一方で、政府CIO（内閣情報通信政策監）を新設し、民間からのCIO補佐官の登用を強化するなど発注能力の向上に力を注いだ。2018年からはクラウド導入を原則とする方針を決定し、2020年10月から米アマゾン・ウェブ・サービスのクラウドサービスを採用した政府共通プラットフォームが稼働した。政府が発注能力を高めながらコストを削減する改革は進んでいるかに思える。

しかし新型コロナ対策では、必要なシステム構築をベンダーに丸投げするかつての「悪

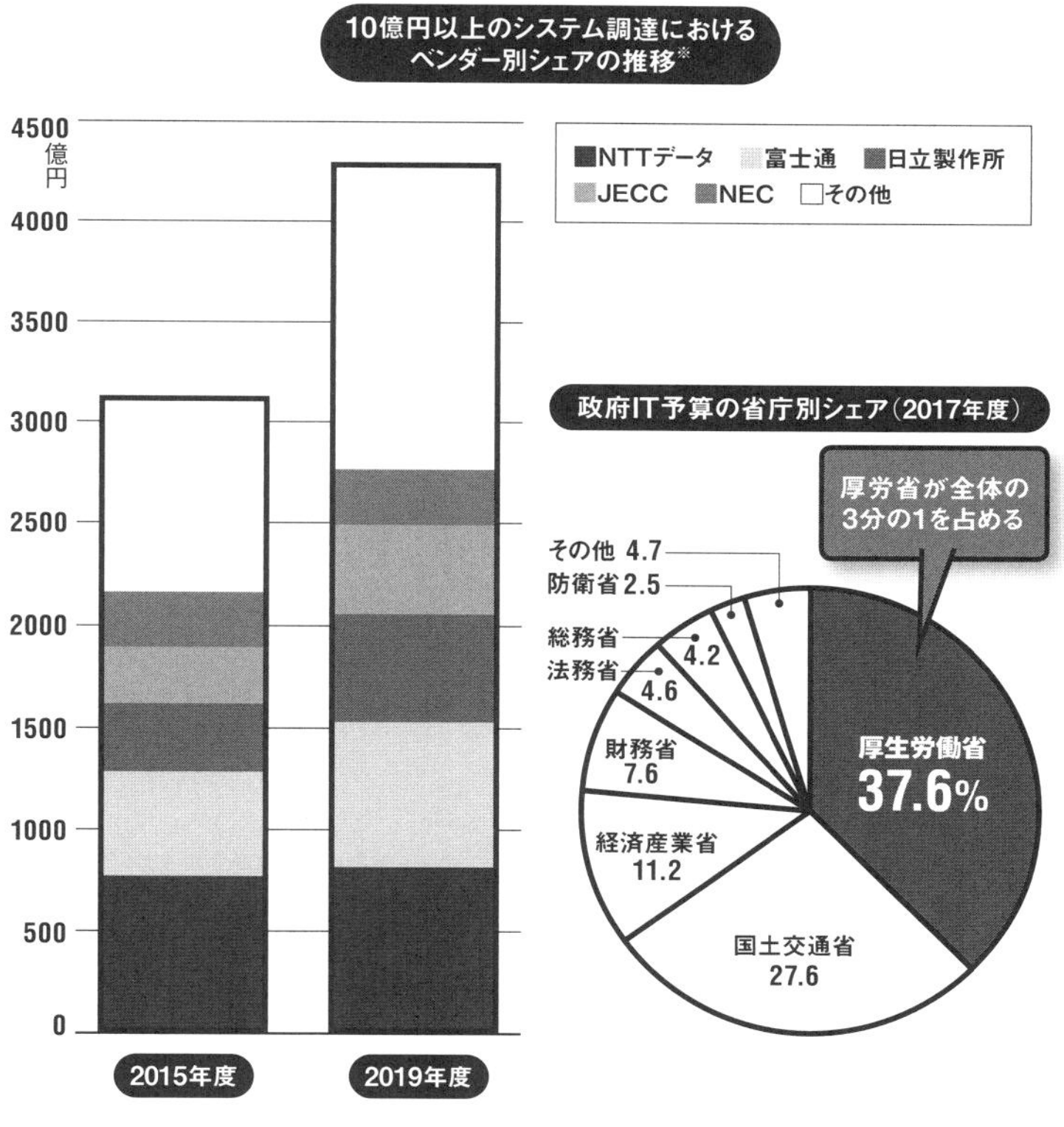

受注上位企業の顔ぶれは変わらず

図　受注ベンダー別シェアと政府IT予算の組織別シェア

※：運用等経費が10億円以上の情報システムについて契約企業ごとに集計した（出所：内閣官房の政府情報技術投資実施状況公表システムを基に日経コンピュータ作成）

癖」が再発。現場職員にＩＴ専門人材が決定的に欠けていたことが要因の１つだ。

政府のＩＴ発注能力を高める改革は、特許庁システムや年金システム、政府共通プラットフォームなどの大型案件では効果を上げつつあったが、あくまで霞が関の一部だったと言える。ＩＴ発注能力を高める改革をいかに霞が関全体に波及させるかが今後の課題だ。

電子政府、目標先送りの20年

ＩＴ調達改革とともに、行政手続きをデジタル化する電子政府戦略も20年の計だ。２０００年に制定し２００１年に施行した「ＩＴ基本法（高度情報通信ネットワーク社会形成基本法）」でインターネットの利便性を享受できる環境整備をうたい、２００１年の「ｅ-Ｊａｐａｎ戦略」で必要なインフラ整備やその用途である行政デジタル化の目標を掲げた。インフラ整備の目標は早々に達成したものの、当時は電子行政と呼んだ「国の全行政手続きをオンライン化する」という政策は20年近くたった現在でも未達の状態にある。

ｅ-Ｊａｐａｎ戦略に続く政府のデジタル政策の大綱はその後もほぼ毎年更新を続けた。しかし先送りした未達の目標が多く積み上がっている。

２００６年の「ＩＴ新改革戦略」では、「世界一便利で効率的な電子行政」という理念的な目標を掲げた。だが２０２０年現在でも、労働行政など代表的な手続きの中にも、

Webで入力した申請様式とは別に添付書類を郵送する、申請様式も押印書類をスキャンしてアップロードするといった紙の手続きを踏襲した形ばかりの手続きが残っている。

全行政手続きをオンライン化する目標は、2018年度統計で国の手続きでは86%まで達した。ただし利用件数となると46%で、2006年目標の50%にまだ届いていない。住民が接する機会が多い地方自治体の手続きは、オンラインでできる手続き数そのものが45%にとどまっている。

なぜここまで目標の先送りを続けてきたのか。平井デジタル改革相は「目標が未達でも各省庁に責任を問うことはなかった。政府全体としてデジタル行政の優先順位が低く位置付けられていた」と指摘する。押印や添付書類を廃止するなど抜本的なデジタル化は機関に大がかりな業務改革を強いる。現状を変えたくない役所の論理が優先されてきた側面があるという。

デジタル化に後ろ向きな日本の行政機関の姿勢は産業の競争力にも影響を与えている。世界銀行による「ビジネス環境ランキング（Doing Bussiness）」では、日本はOECD加盟国36カ国中で2014年の15位から順位を落とし続け、2017年は26位と低迷した。

日本政府は2000年からIT調達予算の改革と電子政府政策を両輪で進めてきた。IT調達改革はたびたび頓挫し、「全行政手続きのオンライン化」という目標も未達のま

○ 達成　× 未達　△ 道半ば

2013年 世界最先端IT国家創造宣言

目標	達成状況
2020年度までに電子行政のワンストップサービス	2020年からようやく実証実験へ
2015年度にオープンデータを他の先進国並みに	**データ公開は進むが他の先進国には及ばず** 米国が20万9008件なのに対し、日本はその13%の2万7635件（2020年10月8日時点）。新型コロナ対策でもオープンデータ公開に遅れが出た

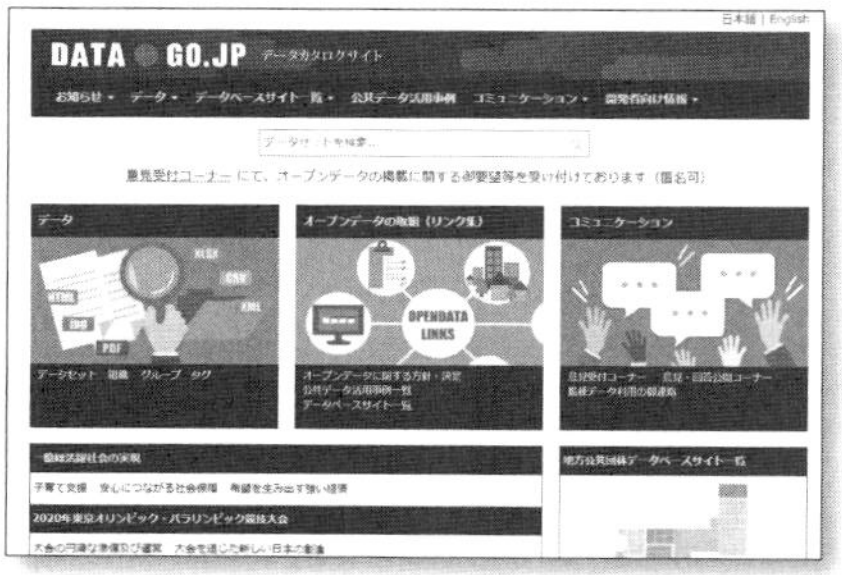

内閣官房情報通信技術（IT）総合戦略室が企画し、総務省行政管理局が2014年9月から運用するオープンデータのポータルサイト「データカタログサイト」

2016年 世界最先端IT国家創造宣言・官民データ活用推進基本計画

目標	達成状況
行政手続きを棚卸しして オンライン化を徹底	**紙やはんこを踏襲したオンライン手続きが多く残る**
・対面・書面原則を見直し	・不動産取引などで対面が残る（規制緩和で2021年にようやくオンライン解禁の見通し）
・住民票写しや戸籍謄抄本の提出を不要に	・写しや抄本が要らない手続きが増えない
・社会保険・労働保険事務をIT化	・申請書類をスキャンする手続きが減らず、新型コロナ対応でハローワークが密に

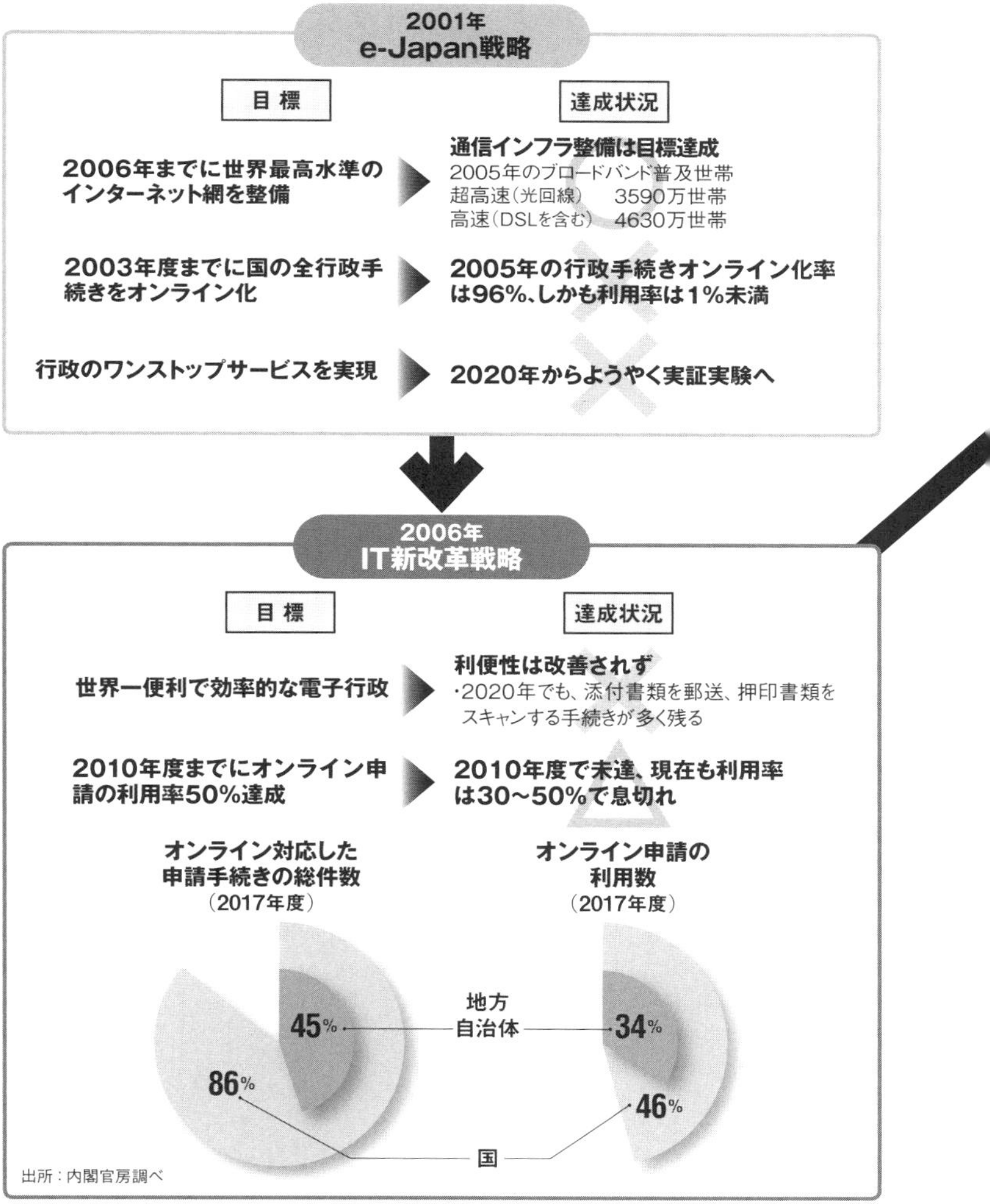

「世界一の電子行政」、遠のくばかり

図　2001年以降の代表的な4つのデジタル政策の振り返り（画像出所：内閣官房）

まだ。大切なのは失敗から学ぶこと。教訓に満ちた20年を、改めて詳細に検証してみよう。

大手ITベンダーに支配されたデジタル政府

政府の行政手続きを電子化する「電子政府」への取り組みが本格化したのは1999年のことだ。同年12月、政府は行政文書のペーパーレス化や政府調達手続きの電子化について、実施方針やスケジュールを発表した。当時の小渕恵三首相は電子政府の推進を2000年度の重要政策の一つに位置付け、2001年の「e-Japan戦略」にも柱の1つに取り込まれた。

この計画にNEC、NTTデータ、日立製作所、富士通といった政府システム市場で高いシェアを握る大手ITベンダーは色めき立った。外資系企業やその他の大手システムインテグレーターも、虎視眈々と参入の機会を伺っていた。今後3年で電子政府のシステム構築に投入される費用は1兆円に達すると見込まれ、「行政手続きの電子化としては、過去最大の投資案件」（ITベンダー）だったためだ。さらなる売り上げ拡大を狙い、ITベンダー各社は専門組織の設置やソリューション体系の整備にまい進した。

専門組織の役割は、今後進められるプロジェクトの情報を集めることと、入札が行われる「前」の無償の提案活動だ。あるメーカーの電子政府専門組織の担当者は当時、日経コンピュータの取材にこう打ち明けた。「中央省庁の担当者は情報技術の専門家ではない。だから、われわれが事前に提出した各種の資料を参考にして提案要求書を書くこともある。提案要求書に当社にしかない固有の技術が必要と盛り込まれたら有利な立場に立てる」。

政府側にIT専門家がいないまま実施された政府システム調達は、様々な「ひずみ」をもたらした。その1つが「超安値調達」だ。1万円以下の安値で落札し、付随するシステムの開発や運用保守で高い利益を得る。中には、予算規模が1億円を超すパイロットシステムを1万円で落札し、その後に本番システムの開発を70億円超で落札した例もある。ITベンダーは超安値調達で批判を浴びると、子会社や取引先に安値落札を実行させるようになった。

政府のシステム市場を巡って繰り広げられる大手ベンダーの泥沼の闘いは、政府のシステム調達体制に根本的な問題があることを物語っていた。

問題の根源は、発注者である官公庁のシステム部門の能力不足にあった。長年にわたって特定の〝お抱え〟ベンダーが大半のシステム構築を請け負ってきた中で、官公庁のシステム部門はシステムの企画から運用までを、大きくベンダーに依存するようになった。これが官公庁のシステム部門とベンダーの馴れ合いを生み、実態に合わない制度のもとで数々の問題を引き起こした。

当時の官公庁のシステム調達は、最低価格で入札した企業に落札させるか、さもなくばベンダーの提案を一定の技術的な評価基準に沿って採点し、その採点結果を入札価格で割って、一番数字の大きい企業を落札者としていた。思い切った安値で入札すれば、ほぼ確実に落札できる仕組みになっていた。いくつかの案件では公正取引委員会がＩＴベンダーに警告を出す事態になったが、それでもＩＴベンダーは安値入札を止めなかった。

ＩＴベンダーは当時、日経コンピュータの取材に対して「採算割れしていたことは事実だが、案件の重要性を考えて安値で入札した」「落札した案件の中には戦略的に採算性以外の点を重視して取り組む場合がある」「あらゆる面から損益を考えた上で、案件の将来性を考慮した。受注すれば技術・運用ノウハウの蓄積など、社内に様々な有形無形の財産が蓄積できると判断し、本件を重要視して〝必注〟を期した」などと答えた。

もちろん、これらの企業が赤字を容認して安値入札を繰り返しているのではない。安値で落札しても「最終的には赤字を補って余りある利益を上げることができるからだ」（経済産業省幹部）。この仕組みは、システム調達に関わる者にとって半ば公然の事実だったが、官庁側で是正できないほど根深いものになっていた。

官公庁の仕様書に落第の評価

政府のシステム調達が抱える問題は、単にシステム構築費用がトータルで高くつくことだけではない。電子政府の構築が進む中で、大手ベンダーが受注したシステムであっても機能が不十分だったり、開発のスケジュールが遅れたりといった問題が発生していた。

こういったシステム開発の失敗の責任は、官公庁のシステム構築体制の貧弱さにもあった。

当時の経済産業省の調査によると、官公庁のシステム調達の6割前後がNEC、富士通、日立製作所の国産メーカーとNTTおよびそのグループ企業によって落札されていたという。官公庁のシステム部門をよく知るこれらの企業の幹部は「電子政府を推進するのに必要な新規システムのアイデアの提案から、実際のシステム開発のとりまとめまで、官公庁のシステム部門が中心となって進めるのは無理。正式の調達の前から我々が手弁当でお膳立てしていることも多い」と語った。

官公庁のベンダー依存が進むと、公開入札であってもあらかじめ落札するベンダーを指定したような形になる。いわゆる「1社入札」と呼ばれるもので、実質的に無競争になっている。仕様書に特定ITベンダーのパッケージソフトの名前を明記し、同ソフトを使ったシステム構築経験を落札企業の必須要件とするケースもあった。

システム構築の問題以外にも、官公庁は重大な問題を抱えていた。官公庁の業務の効率化や官公庁同士の連携という統合的な視点が欠如していたのだ。

例えば会計システムや経費精算システムなどについて、各省庁が別々にシステムを開発しており、システムを一本化するなどの提案がみられなかった。省庁を横断的にとらえて効率的に実行できる、企業で言うところのCIO（最高情報責任者）相当の責任者が政府には不在だったのだ。

IT調達改革、始動

こうした大手ITベンダー依存のシステム調達体制への批判を受け、政府は2003年7月、システム改革の方針「電子政府構築計画」を定めた。

改革の骨子は、米国連邦政府が用いているシステム構築手法「エンタープライズアーキテクチャー（EA）」を取り入れることだった。EA手法とはシステムを全体最適に向けて改善していくための手法である。この手法で業務とシステムの無駄を改善し、例えば複数省庁で同じ業務を行っている場合には業務を標準化した上でシステムを共通化し、投資の無駄をなくす。

EA手法を用いて業務改革を進めるための「業務・システム最適化計画（以下、最適化計画）」を作成することで全省庁が合意。電子政府の計画をとりまとめる総務省行政管理局を中心に、各省庁は2003年8月からEA手法を用いて最適化計画を作成する体制を急ピッチで準備した。メインフレーム（基幹業務に使用する大型の汎用コンピューター）など高価なハードウエア／ソフトウエアで構築したレガシーシステムを、UNIXや

Ｌｉｎｕｘのように仕様が公開された安価なオープンシステムに移行させる。さらに、システム開発の範囲や工程を分割し、異なるＩＴベンダーに発注する「分割発注」の推進、重複システムの共通化などで、当時は年間６８００億円だったシステム経費を４０００億円台に圧縮することを目標に据えた。

その体制は、２００３年末から形になってきた。まずＥＡ手法を進めるための人材「各府省情報化統括責任者（ＣＩＯ）補佐官」を各省庁が選任。各省庁のＣＩＯ補佐官が集まる「ＣＩＯ補佐官連絡会議」を設置し、省庁をまたがる案件を実務的に討議する場も作った。

さらに最適化計画のドキュメントの書き方などを示したガイドライン「業務・システム最適化計画策定指針」を定め、全省に配布。そのうえで総務省は、このガイドラインを適用する「人事・給与」、「予算・決算」などの業務またはシステムを選び出し公表した。

ＩＴ調達改革の不備が露呈した特許庁システム刷新

だが当時のＩＴ調達改革は官公庁の調達能力を高めるには全く不十分だったことが、次第に明らかになる。

その不備が露呈した失敗の典型例が、特許庁の基幹系システム刷新プロジェクトである。２００４年から8年がかりで臨んだが、結局は55億円を無駄にしただけ。新システムは完成しなかった。失敗の最大の要因は、発注者である特許庁にあった。関係者の証言から、失敗に至る経過を改めてひもとく。

特許庁は２００４年、政府が打ち出した業務・システム最適化計画に沿って、特許審査や原本保管といった業務を支援する基幹系システムの全面刷新を計画した。

特許庁の基幹系システムは、特許、実用新案、意匠、商標の知財四権について、出願の受付、審査、登録といった基本業務を支える。アプリケーションの開発規模は二千数百万ステップ。メガバンクの勘定系システム並みだ。当時のシステムはＮＴＴデータが開発したもの。特許庁はＮＴＴデータと「データ通信サービス契約」を交わし、１９９０年12月から利用してきた。データ通信サービス契約とは、顧客向け業務システムを開発したＩＴベンダーがソフト／ハードの資産を所有

第3期 仕切り直し
(2009年4月～2010年6月)

- 特許庁、調達仕様書に立ち返ってプロジェクトを仕切り直し。A職員を復帰させる
- NTTデータをプロジェクトに組み込むため、アプリケーション開発の入札準備を急ぐ
- **入札情報をめぐる贈収賄事件が発生**。関与していたA職員がプロジェクトから再離脱。NTTデータは指名停止処分に

第4期 開発中止
(2010年7月～2012年1月)

- 調査委員会、**検証の結果「プロジェクト続行は可能」**と判断、だがその後もプロジェクトは立て直せず
- 技術検証委員会、「開発終了時期が見通せない」と提言。プロジェクト中止

し、機能だけを顧客に提供する契約形態のこと。初期コストを抑えられる一方、開発・運用コストの透明性を確保しにくい課題がある。

特許庁がシステム刷新に踏み切ったきっかけは、政府が2003年に発表した電子政府構築計画が示した、レガシーシステム刷新の指針である。メインフレーム中心のシステムの開発や運用保守を、特定のベンダーに長年にわたって任せてきたことがコストの高止まりにつながっているとし、システムのオープン化を求めた。NTTデータとデータ通信サービス契約を結んでいた特許庁も例外ではなかった。

特許庁はシステムの刷新可能性調査をIBMビジネスコンサルティングサービス（現・日本IBM）に委託。刷新の費用対効果は高いとの調査結果を踏まえ、特許庁は2004年4月末にデータ通信サービス契約の未払い分約250億円

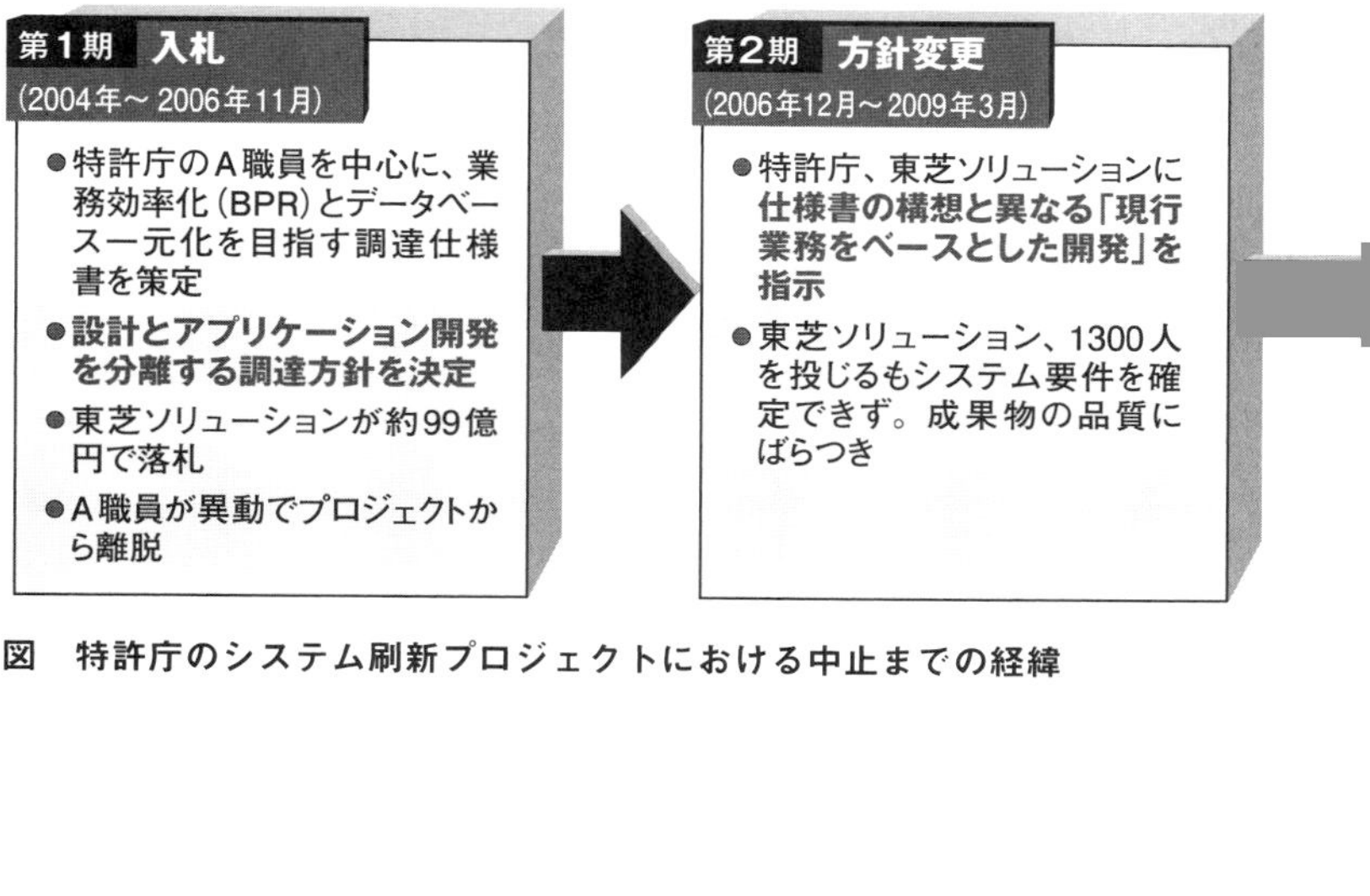
第1期　入札
(2004年～2006年11月)
●特許庁のA職員を中心に、業務効率化（BPR）とデータベース一元化を目指す調達仕様書を策定
●設計とアプリケーション開発を分離する調達方針を決定
●東芝ソリューションが約99億円で落札
●A職員が異動でプロジェクトから離脱
第2期　方針変更
(2006年12月～2009年3月)
●特許庁、東芝ソリューションに仕様書の構想と異なる「現行業務をベースとした開発」を指示
●東芝ソリューション、1300人を投じるもシステム要件を確定できず。成果物の品質にばらつき

図　特許庁のシステム刷新プロジェクトにおける中止までの経緯

をNTTデータに支払った。「残債」の一括償却だ。その後06年1月までに同契約を解除、開発や運用など業務別の単年契約に切り替え、刷新準備を進めた。

特許庁は刷新準備にあたり、システムアーキテクチャーに詳しい情報システム部門のある職員（以下A職員）と、刷新可能性調査を担ったIBMビジネスコンサルティングサービスを中心に、調達仕様書を作成した。

業務プロセスを大幅に見直し、2年かかっていた特許審査を半分の1年で完了することを目指した。度重なる改修によって複雑に入り組んだ記録原本データベースの一元化に加え、検索や格納などの基盤機能と法改正の影響を受けやすい業務機能を分離し、保守性を高めるという野心的な目標を立てた。一方で、全ての情報をXML（データの意味や構造を記述できるマークアップ言語）で管理するなど技術的難度が高く、十分な性能を出せないなどのリスクを抱えていた。さらに仕様書の骨格が固まった2005年7月、A職員は異動となりプロジェクトを離れた。

特許庁はこの調達仕様書に基づいて2006年7月に入札を実施した。政府の調達指針では、大規模プロジェクトについては分割発注を原則にしていたため、システムの基本設計から詳細設計までと、業務アプリケーション開発以降の工程を分離した。

基本設計から詳細設計までを落札したのは東芝ソリューション（現・東芝デジタルソリューションズ）だった。技術点では最低だったが、入札価格は予定価格の6割以下の

99億2500万円。これが決め手となった。価格の妥当性について会計課は審査し、問題なしとした。プロジェクトマネジメント支援を請け負ったのはアクセンチュアで、2006年末に07年3月までの支援業務を6720万円で落札、続く07年4月からの4年間は33億6722万8410円の随意契約を結んだ。

方針転換、「現行業務の延長で」

プロジェクトは2006年12月の開始直後からつまずいた。複数の関係者によれば、計画と工程の策定に2カ月をかけた後、特許庁は東芝ソリューションにこんな提案をしたという。

「現行業務の延長でシステムを開発してほしい」。

業務の無駄を省く業務プロセス改革（BPR）を前提にシステムを刷新するのではなく、現行の業務プロセスをそのまま踏襲する形で新たなシステムを開発しようというわけだ。調達仕様書の作成に費やしたコストと時間を無駄にしてまで方針転換した理由は定かでないが、この時点で開発範囲（スコープ）についてベンダーとシステム部門、利用部門との間で、認識に大きなギャップがあったのは明らかだった。そもそもシステム部門に、大胆なBPRを進めるに足る権限も体制もなかった。

東芝ソリューションは現行の業務フローを文書化するため、2007年5月までに450人体制に増強した。だが、現行業務の把握に手間取り、作業が遅延した。

東芝ソリューションは遅れを取り戻すため、2008年には1100~1300人体制にまで増員した。人材派遣会社や協力会社を通じて、大量の人材を集めたという。これが、さらなる混乱をもたらした。「東芝ソリューションには、協力会社を含め多数の開発要員を統率する経験がなかった」（関係者）。

設計チームが入居していたビルは一気に手狭になり、机の1人当たりのスペースは「ノートPCが1台置けるくらい」（同）に縮小した。あるチームは現行の業務フローを反映した文書をひたすら作成した。あるチームは特許に関わる法律をひも解き、業務やデータベースの項目を洗い出した。成果物の基礎となる規約もなく、成果物の質に大きなばらつきが生じるのは必然だった。工数をかけずに低品質の文書を量産し、労せず利益を得る協力会社もいた。「1日でフェラーリ1台に相当するカネが無駄に飛んでいる」――。プロジェクトに参加していた技術者の間ではこんな皮肉が交わされていたという。

仕切り直しの矢先、激震走る

2009年4月、特許庁は調達仕様書を作成したA職員をプロジェクトに復帰させ、プロジェクトの仕切り直しを図る。開発範囲を当初の仕様書ベースに戻したのだ。

Ａ職員は設計書で記載すべき内容を示した「設計規約」の作成を東芝ソリューションと始めた。当時の技術者は「ようやくプロジェクトが回り始めた」と振り返る。

とはいえ本格的にプロジェクトを立て直すには、現行システムを担当するＮＴＴデータの参画が必要なのは明らかだった。分割発注に基づくアプリケーション開発をＮＴＴデータが落札すれば、現行業務の把握など懸念のいくつかを解消できると見込んだ。

そんな矢先の２０１０年６月、プロジェクトに激震が走る。ＮＴＴデータや日立製作所、東芝ソリューションが特許庁職員にタクシー券などの利益供与をしたことが明らかになったのだ。ＮＴＴデータ社員と特許庁の職員は逮捕された。Ａ職員も入札前の情報を東芝ソリューションに提供していた事実が認められ、プロジェクトを再び離れた。ＮＴＴデータには６カ月の指名停止処分が下った。

２０１１年頃には、プロジェクトはほとんど「開店休業」となっていた。参加している技術者同士、今の状況を聞くのはタブーだった。要員は５００人に縮小され、早く帰宅する技術者も増えた。プロジェクトの破綻は明らかだった。だが「開発中止」を認定・判断するプロセスがなかった。

苦肉の策として持ち出されたのが、贈収賄事件を機に２０１０年６月に発足した調査委員会だった。同委員会をベースとした技術検証委員会は２０１２年１月に「開発終了時期が見通せない」とする報告書を公開。この報告書を根拠に、枝野幸男経済産業大臣（当時）がプロジェクトの中止を表明した。プロジェクト開始から5年が経過していた。

その後、会計検査院は2011年度決算検査報告で、特許庁の支出である約54億5100万円を、無駄な支出である「不当事項」と認定した。開発が失敗した原因として、特許庁が「発注者として必要なプロジェクトの管理を十分に行っていなかったこと」などを挙げている。

プロジェクトの契約解除も難航

開発失敗に終わった同プロジェクトは、契約の解除を巡る交渉も難航した。

政府が契約を解除するには、成果物の対価から違約金まで、金銭の支払いで合意する必要がある。関係者によれば、特許庁を所管する経済産業省と開発ベンダーの間で、2012年前半の段階でこの合意がほぼできていた。だが2012年12月に政権が民主党から自由民主党に交代した後、政府の閣僚から「開発ベンダーに適正な違約金を求めるべきでは」と注文がつき、交渉の行方が見えなくなった。

この契約解除を巡る交渉は2013年、意外な結末をたどる。東芝ソリューションとアクセンチュアが契約解除に際し、特許庁システムの開発費に利子を加えた約56億円を同庁に返納したのだ。同年8月に合意が成立、同年9月に返納金として両社から約56億円が支払われた。同システムの開発では、特許庁は東芝ソリューションに対し、２００９年度までの４年間で約24億８７００万円を、アクセンチュアには２０１１年度までに約29億６４００万円、計54億５１００万円を支払っている。つまり、両社は受け取った開発費全額を、利子付きで特許庁に返納したことになる。

ある特許庁職員は、今回の返納金を「係争自体、なかったことにするための解決金」と解説する。

開発失敗の責任をめぐって法廷での争いに発展すれば、特許庁、ＩＴベンダーともに多大なマンパワーが割かれる。ＩＴベンダーにとっては、司法で認定された瑕疵によっては、追加の行政処分が下る可能性もある。特許庁は今回の「和解」で、会計検査院に不当な支払いと認定された支出金をそのまま取り戻すことができる。一方でＩＴベンダー２社は、新たな処分などで今後の政府入札に支障を来すリスクを取らずに済む、という構図だ。一方で、開発失敗を巡る政府側の責任はうやむやになった。

ＩＴ調達改革に欠けていた「必要なリソース」の視点

特許庁システムの開発失敗は、当時の政府システム調達体制に横たわる構造的な問題をあらわにした。ＩＴ人材が質と人数の両面で足りないという点と、業務分析から入札準備、プロジェクト管理、稼働に至るまでの調達プロセスが未成熟という点だ。

２００４年に各省庁が策定を始めた、業務やシステムの無駄をなくすための行動計画「業務・システム最適化計画」では、業務プロセス改革や分割発注といった理想を描いていた。ところが、それらの実行に必要なスキルやリソース、プロセスを用意しなかった。

稼働前システム運用費が年間90億円超の大規模システム（ネットワーク関係は除く）と府省共通システムの一部について、最適化実施評価報告書や行政事業レビュー、各省庁への取材を基に作成した。担当ベンダーは一部日経コンピュータ推定

	主な担当ベンダー		備考
	新システム※2	旧システム※3	
	アクセンチュア、NTTデータ、日立製作所、OKI	NTTデータ、日立製作所	年金制度の検討状況を踏まえて再開
	文祥堂	文祥堂	2010年の事業仕分けでは入札の不透明性が指摘され、10%費用削減の判定。e-TaxはNTTデータが担当。費用は544円/件数
	富士通	富士通、東芝	年間215万時間の業務を削減
	富士通	日本ユニシス、NTTデータ、富士通	2011年度に稼働
	東芝ソリューション	NTTデータ、日立製作所	2012年1月に開発中止
	—	NTTデータ	2015年度稼働予定
	富士通	—	
	—	NEC、OKI、日立製作所、パナソニック	2009年の入管法等改正法成立に伴い計画を改定
	富士通、NTTデータ	富士通、NTTデータ	
	NTTデータ	NTTデータ	
	富士通、OKI	—	総務省など一部省庁で稼働開始
	—	—	業務改革で年間3600万時間（330億円相当）の業務削減を目指す

業務・システム最適化計画が掲げた理想と比べて、発注者である政府側のＩＴ人材や調達プロセスが明らかに貧弱だった。大量の成果物を精査できるＩＴ人材、業務とシステムの双方に精通する職員、技術力で劣るＩＴベンダーによる安値受注を防ぐ入札制度、問題プロジェクトに「中止」を宣告する上位組織、そのいずれも存在しなかった。

　失敗は特許庁システムだけではなかった。業務・システム最適化計画の対象となった「年金システム（社

表　「業務・システム最適化計画」に基づいて刷新したシステムと2012年時点での成果

＊1 2010年度の数字　＊2「—」は、調達が完了していないことを表す　＊3「—」は、システム共通化前は各省庁が個別にシステムを調達していたことを表す

管轄	システム名	刷新の状態	システム運用費（実績値）	
			刷新前	刷新後[*1]
厚労省	社会保険システム（年金システム）	停止	850億円（2005年度）	—
財務省	国税システム（KSK、e-Tax）	稼働	434億円（2003年度）	371億円
法務省	登記情報システム	稼働	366億円（2003年度）	247億円
厚労省	ハローワークシステム	稼働	359億円（2005年度）	—
経産省	特許庁システム	中止	247億円（2005年度）	—
国交省	管制情報処理システム	未了	123億円（2008年度）	—
総務省	（府省共通）行政情報の電子的提供システム（e-Gov）	稼働	115億円（2005年度）	83億円
法務省	出入国管理システム	遅延	103億円（2005年度）	—
財務省	（府省共通）予算・決算システム（ADAMS）	稼働	97億円（2005年度）	70億円
財務省	税関システム（CIS、NACCS）	稼働	90億円（2005年度）	38億円
人事院	（府省共通）人事・給与システム	遅延	36億円（2006年度）	—
経産省	（府省共通）物品管理、謝金・諸手当、旅費システム	遅延	3億円（2009年度）	—

会保険オンラインシステム）」、各省庁のシステムを共通化（府省共通）した「人事・給与システム」など、大規模システムや省庁共通システムでプロジェクトの中止や停止、延期が相次いでいた。その原因を突き詰めると、いずれもＩＴ人材と調達プロセスという２つの問題に行き着く。

　システム開発の範囲や工程を分けて委託する分割発注は、調達の透明性や競争性を高める効果がある。一方で発注者は、複数のＩＴベンダーを取りまとめたり、仕様や成果物の粒度を統一したりする必要があり、高度なＩＴスキルが欠かせない。だが今回の最適化計画で、各省庁が職員のＩＴスキルについて検証した形跡はない。それが開発の失敗を招いた。

　例えば年金システムの刷新では、業務アプリケーションの機能を４分割して発注した。だ

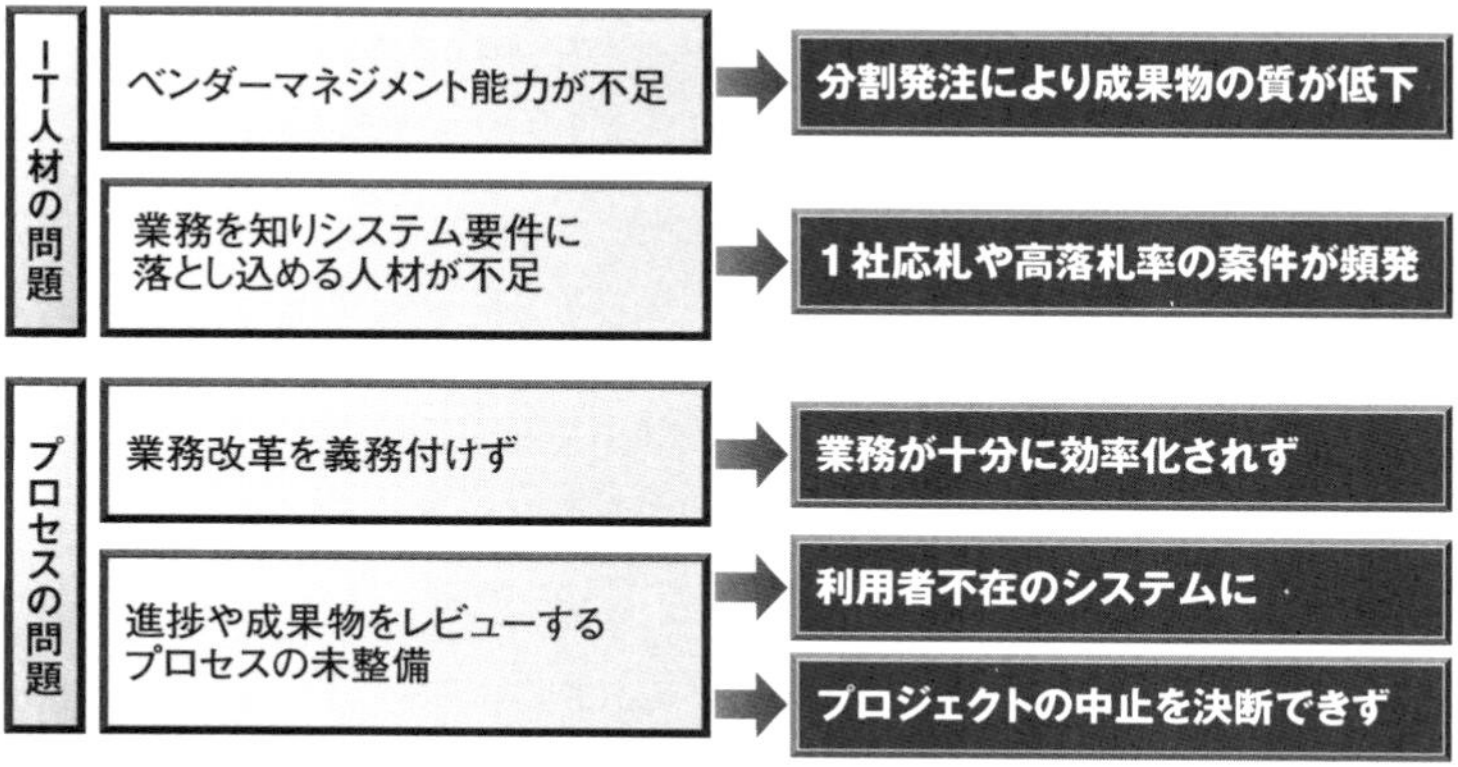

IT人材の問題
ベンダーマネジメント能力が不足
分割発注により成果物の質が低下
業務を知りシステム要件に落とし込める人材が不足
1社応札や高落札率の案件が頻発
プロセスの問題
業務改革を義務付けず
業務が十分に効率化されず
進捗や成果物をレビューするプロセスの未整備
利用者不在のシステムに
プロジェクトの中止を決断できず

IT人材の不足やプロセスの未熟さが失敗を招いた

図　政府システム開発の成功率を下げる要因

が基本設計の段階で、これらアプリケーション間でデータをやり取りする処理の整合性に問題が発覚。その不具合を修正するため、補完工程を実施する羽目になった。

特許庁でも分割発注の問題が顕在化した。設計工程と開発工程を分割する「工程分割」を導入したが、次工程に渡す大量の設計書などの品質を精査できなかった。

発注者のＩＴスキル不足は、ＩＴベンダーとのコミュニケーションにも問題をもたらした。例えば厚生労働省は２０１０年、次期年金システムの補完工程のうち「システム基盤設計」をユーフィット（現・ＴＩＳ）に発注した。だがプロジェクト開始から半年後、ユーフィットが「継続は難しい」と断念。厚労省は契約を打ち切った。

「ユーフィットは入札に際して、システム基盤の意味を取り違えていたようだ」。ある関係者はこう証言する。システム基盤について、ユーフィットはデータベースやミドルウエア関連の部分が中心だと解釈していた。厚労省の定義では、年金の業務全体を理解し、共通する業務を一つにくくりつける作業、つまり年金業務に対する深い理解が不可欠な工程だった。

大規模システムのうち、年金システムや特許庁システムなど開発がうまく行かなかった案件に共通するのは、競争入札でＩＴベンダーの構成が従来と大きく変わった点がある。競争入札、分割発注といった計画の理念を忠実に実施した結果、中間成果物を精査する要員が足りないなど、発注者側のリソース不足が顕在化した。

あるＣＩＯ補佐官は「バインダー数十冊にも及ぶドキュメントを、たかだか数人のＣＩＯ補佐官で処理しきれるはずがない」と語る。現場の職員を育成しようにも「２年のローテーションで異動する以上、到底不可能だ」（前述のＣＩＯ補佐官）。

一方、財務省の国税総合管理（ＫＳＫ）システムや税関システムなど、既存ベンダーがそのままオープン化を手掛けたシステムは、大過なく刷新を終えた。ＫＳＫシステムの刷新は、既存ベンダーである文祥堂がそのまま受注した。文祥堂の本業は文房具店であり、その下請けとして実際に開発するのは日本ＩＢＭやＮＴＴデータ、日立製作所など。１９８０年代の日米貿易摩擦に端を発するともいわれる独特の体制だ。最適化計画前の開発・運用体制がほぼそのまま通用する様に、他の省庁からは「（予算に関する権限を握る）財務省だからできる荒技」との恨み節も漏れた。

安値受注を防止できず

失敗のもう一つの要因である調達プロセスについては、システム開発計画を審査する仕組みやプロジェクトのレビュー機能、省庁間で業務プロセス改革を推進する仕組みが整っていなかった。

業務プロセス改革（ＢＰＲ：ビジネス・プロセス・リエンジニアリング）とはもともと、

企業の仕事の進め方を変え、経営効率を高める手法として１９９０年代に米国で提唱されたものだ。必要のない承認手続きや紙ベースのやりとりなど、無駄の多い業務プロセスを根本的に見直し、再設計する。これにより人件費などのコストを減らすと共に、サービスの品質や提供スピードを向上させ、顧客満足度を高める。

大規模なＢＰＲは組織の構造自体の変革を伴うため、トップの強いリーダーシップと、現場の組織間の連携が不可欠だ。だが特許庁システムの刷新においては、いずれも機能しなかった。

各省庁の人事・給与の業務とシステムを一本化するプロジェクトでは、省庁の利害を現場レベルで調整する仕組みの整備を怠った。その結果、人事院が単独で開発したシステム

	最適化計画の目的	結果
年金システム	●メインフレームのオープン化でコスト削減	基本工程の補完工程で調達失敗、プロジェクト停止。現行システムの**年間運用費約850億円の支払いは継続**
特許庁システム	●特許審査期間を2年から1年に短縮 ●記録原本データベースの一元化	成果物の品質に問題がありプロジェクト中止、**55億円が無駄に**
人事・給与システム	●省庁ごとに存在する人事・給与システムを一本化し、コスト削減	プロジェクトが難航し開発費が予定の2倍強の**61億円に膨張**。各省庁から問題点を多数指摘され、開発をやり直し

図　最適化計画に沿った主な大規模システム刷新とその結果

に他の省庁から改善要望が殺到、人事院は仕切り直しを迫られた。

技術力で劣るＩＴベンダーの落札を防ぐ仕組みも機能しなかった。

２０００年代の調達改革後の新制度では、割算方式によるシステムの評価をやめ、加算方式に変更した。ベンダーの提案を技術面の基準に沿って評価した技術点と、価格面で評価する価格点の合計が高いベンダーが落札する形に変えた。技術点を価格で割る割算方式とは異なり、安値を提示したベンダーが著しく有利にならないようになるはずだった。

だがシステム調達の予算を査定する財務省は、財政規律の観点から価格点と技術点の配分を「１対１」とし、「１対２」「１対３」のような技術点への傾斜配分を認めなかった。このため技術点では差が付きにくくなり、特許庁システムの調達でも安値での入札が決め手になった。

「ＩＴサービスを買うのと、自らシステムを持つのとでは、発注側に求められる体制は全然違う。そのことを、政治家も省庁も理解できていなかった」。システム刷新に関わる職員は、自嘲気味に語る。

政府は最適化計画を進めるに当たり「省庁の業務プロセスを改革する」「分割発注で大手ＩＴベンダー以外にもチャンスを与える」といった理想をうたいながら、発注者として用意すべきリソースや制度について十分に検証した形跡はない。各省庁は、明らかに貧弱な武装のまま、当初計画の達成に向けて突撃する。こうして、失敗プロジェクトは必然的に発生した。

オープン化の効果はあったのか

なぜ、これらの「理想と現実の乖離」が発生したのか。最適化計画などの策定経緯を知るＩＴベンダー出身のＣＩＯ補佐官は「計画を主導した政治家や官僚にとって、本来の狙いはレガシーシステムのオープン化によるＩＴコストの削減にあり、業務プロセス改革は二の次だった」と振り返る。

「政治家も官僚も、ＥＡ（エンタープライズアーキテクチャー）に基づく業務プロセス改革を省庁自ら手掛けるのは無理だと最初から諦めていた。このため、ＥＡという言葉だけは残したものの、制度上の枠組みやＩＴ人材は用意しなかった」（同）。

この結果、政府は業務プロセス改革につながる評価項目を十分に設定しなかった。業務プロセス改革に結び付かなくても、ＩＴコストの削減さえできれば「成功」とみなせるようになってしまった。

では、ＩＴコストの削減効果はあったのか。総務省行政管理局が作成した資料によれば、政府の情報システムにかかるコストは２００８年度予算の６２６８億円から、２０１２年度予算では５２８３億円に１０００億円ほど減った。この数字を見る限り、ＩＴコストを抑えられたようではある。

だが、ユーザー企業出身のあるCIO補佐官は「ハードウエアの性能向上に伴うサーバーの集約だけでも、同様のコスト削減を実現できた可能性がある」と分析する。「あえて多額の費用をかけて全システムをオープン化（メインフレームからオープンシステムへの移行）する必要はなかった」（同）との考え方だ。

見えざる「ベンダーロックイン」

最適化計画で競争入札や分割発注の仕組みを取り入れたことは、調達の透明性や競争性の向上につながったのか。答えは残念ながらノーである。

調達の透明性や競争性が十分に高まったとは言い難いことを示す会計検査院のデータがある。2008～2010年度に各省庁が結んだシステムに関わる契約では、随意契約の案件と、競争入札で応札が1社のみだった案件が全体の8割に上った。しかも両者とも、予定価格に対する落札額の割合を示す「落札率」が平均96％を超えた。

前述した国税庁の国税総合管理（KSK）システムも、1社応札となった事例の1つだ。政府の指針に沿って随意契約から競争入札に移行したが、落札したのは現行システムを担当する文祥堂だった。文祥堂の下請けである各大手ベンダーが自社の担当システムのオープン化をほぼそのまま担う形となった。

この入札について財務省の担当者に問うと、次のような答えが返ってきた。「可能であれば他のベンダーにも入ってほしいが、国税の業務自体を理解してもらうことが難しい。国税システムは刷新失敗の影響が大きすぎるため、（業務を知らないベンダーの参入は）財務省にとってリスクが高い」。

価格面に頼った競争が時に品質を犠牲にしてしまうのは確かだが、提案の品質を競う上でも複数社の応札は不可欠だ。当時の状況は、分割発注を導入したにもかかわらず、見えざる「ベンダーロックイン」に縛られていたと言える。

「一斉刷新」に無理があった

当時、業務・システム最適化計画の推進に関わっていたのが、現デジタル改革相の平井卓也衆議院議員である。同氏は2012年当時、日経コンピュータの取材に対して以下のように答えている。

業務・システム最適化計画は、「データ通信サービス」のような不透明な契約形態をなくし、ITコストを削減するために必要な施策だった。だが、各省庁が一斉に最適化計画を作るなか、計画を十分に精査しないまま実行に移したため、失敗が頻発した。これは大きな反省点だ。計画を実施する省庁は、責任主体が発注者にあることを認識しないまま、コストだけでITベンダーを選別し、要件定義が甘い状態で丸投げしていた。

省庁に優れたIT人材が少ない以上、「各省庁に一気に予算をつけて刷新する」という計画には無理があった。本来は政府に司令塔を設け、優先順位を付けて1つずつ手掛けるべきだった。

2005年11月に内閣府大臣政務官に就任した私は、体制を立て直すため、2006年4月に電子政府推進管理室（GPMO）を内閣官房に設置した。だが内閣官房には十分な予算がなく、人員は不足していた。組織を十分に拡張できないまま、政務官を退任したのは残念だった。

電子政府の推進には、優れたIT人材を確保するためにアイデアを尽くすことがカギになる。出身IT企業に対する入札の制限などを設けず、最新の知見を持った人材を招くべきだ。（談）

「強い調達力」のヒントは韓国にあり

国の競争力強化や国民の利便性向上につながる「強い政府システム部門」とは、どんな形なのか。そのヒントは、国連電子政府ランキングで上位の常連である韓国にあった。

当時の韓国の調達力を象徴するのが、2012年5月に成立した「ソフトウエア産業振興法」改正案だ。政府や自治体のシステム調達について、大手ITベンダーの入札機会を大幅に狭めることで中小ITベンダーの入札を促し、IT産業の裾野を広げる。

韓国政府の判断は、2000年代に「データ通信サービス憎し」とばかりに既存ベンダー外しを図った日本の動きとは異なる。韓国政府が「大手ITベンダーの助力なしでも、政府システムを調達できるようになる」ことを目指して磨いた発注力に裏付けられたものだ。

民間出身500人が政府の発注力を高める

韓国政府の発注力を象徴するのが、博士級の人材約500人を擁する半官半民の公的機関、韓国知能社会振興院（NIA）だ。EA（エンタープライズアーキテクチャー）や監査指針、調達指針などに基づき、政府によるIT調達を支援する。

NIAにはITに詳しい人材の他、法学や行政学の専門家が在籍する。各省庁の政府システム調達を支援するためだ。法学の専門家が在籍するのは、EAや業務プロセス改革（BPR）を前提にする場合、業務を規定した法律の改正が必要になるため。要員のほぼ全員が民間出身で、給与は一般の公務員より高く設定している。

省庁横断型のプロジェクトはＮＩＡが統括する。韓国では、省庁の業務システムを構築する場合、事前にＢＰＲの実施を義務付けている。省庁横断型システムの場合は、ＮＩＡがＢＰＲや省庁間の調整を担う。

ＮＩＡは調達の実務に加え、電子政府戦略の方向性を政府に助言するシンクタンクの役割を負う。これまでも、社会ニーズの変化に沿って、政府システムを大胆に改革する戦略を立案してきた。例えば日本の戸籍制度を起源とする「戸主制」を２００８年に廃止したのに伴い、個人の家族関係を示す「家族関係登録簿」システムを企画した他、電子認証システムの普及に伴う２０１１年の印鑑登録システム廃止を側面支援した。近年は収集した行政データの分析に基づき政策を決定するＥＢＰＭ（証拠に基づく政策立案）にも取り組んでいる。

中央政府のシステムだけではない。地方自治体向けには、韓国地域情報開発院（ＫＬＩＤ）が自治体向け共通の業務ソフトウエアを開発し、自治体に無償で配布している。ＮＩＡが国家の情報化戦略を担当、ＫＬＩＤは地方自治体の情報化戦略を担うという役割分担だ。ＫＬＩＤは地方自治体と政府が共同で運営費を拠出している。

韓国も以前は日本と同じく、自治体ごとにシステムを開発していた。ＩＴベンダーが地域ごとに縄張りを作っていたという。

自治体が共通のソフトを利用する今の方式が確立したのは２００３年。ベンダー間で漢字コードの互換性がなかったので、文字コードをUTF-8で統一、外字コードも標準化するなど地道な努力を重ねた。この結果、自治体の業務ソフトを集中開発する今の体制を実現できた。

税の種類や税率など、地方自治体ごとに異なる項目はパラメーター設定で対応できる他、KLIDが開発したビジネスルール管理システム（BRMS）で機能を追加しやすくしている。業務ソフトの開発や保守を担当するITベンダーを1年に1回は変更する仕組みを導入し、特定ベンダーによる囲い込みを防いでいる。

ユニークな行政サービスをITで実現

KLIDが共通の業務ソフトを開発、保守することで、韓国の地方自治体は独自の行政サービス向けシステムの開発に専念できる。

自治体が独自にシステムを開発する場合は、まず中央政府の行政安全部に報告する。行政安全部は、他の自治体で似たようなアプリケーションソフトの開発事例がないかを調べ、もしあればソフトの利用を勧めてくれる。

近年は行政安全部が自治体の優れたアプリケーションソフトを表彰する全国大会を開いている。韓国の政府システム事情に詳しいイーコーポレーションドットジェーピーの廉宗淳社長は「高評価のアプリケーションソフトについてはＫＬＩＤが開発費を支援し、他の自治体にソフトを配布している」と語る。

韓国の政府システム改革が始まったのは、金大中政権下の２００１年のことだ。電子政府法を成立させ、政府ＣＩＯ（最高情報責任者）を任命して強力な権限を与えた。さらに、ＮＩＡやＫＬＩＤといった電子政府戦略を推進する組織の要員を拡充し、調達プロセスの標準化など、発注力を高める地道な取り組みを経て、今の姿に至っている。

２０１２年当時、システム調達で失敗続きだった日本政府は、韓国など海外政府の事例を参考に、政府ＣＩＯ制度の導入などを通じてＩＴ調達力の強化を図った。政府システム「再起動」の経緯について、次章でみていこう。

第3章

政府CIO設置、立て直し始まる

刷新失敗や計画遅延が相次ぐ政府システム調達を、どう立て直すのか――。政府は2012年8月10日、各省庁の情報システムを統括する「政府CIO」に、リコーでCIO（最高情報責任者）を務めたリコージャパン顧問の遠藤紘一氏を起用した。

このときの政府CIOの正式名称は「政府情報化統括責任者」である。そして2013年5月24日に政府CIO法が施行され、同年6月4日から「内閣情報通信政策監」になった。

遠藤氏は前章で取り上げた特許庁システムの刷新頓挫において、技術検証委員会の委員を務めた人物である。同委員会で開発中止を勧告し、その後のプロジェクト再始動にも関わった。

政府CIOに求められる役割について遠藤氏は就任当時、日経コンピュータの取材に以下のように語った。「一つは年間約5000億円に及ぶという政府システムのITコストを削減すること。もう一つは、国だけでなく地方自治体も含めた行政の業務プロセス改革（BPR）を進め、日本の社会経済を活性化させることだ」。

政府CIOのもと、政府は特許庁システムや年金システムなど失敗プロジェクトの立て直しを図った。以下、プロジェクト立て直しの軌跡を明らかにする。

ITガバナンス変革へ

政府CIO制度の発足後、初めて政府システム改革の詳細を明らかにしたのが、各府省CIO連絡会議が2013年12月に公開した「政府情報システム改革ロードマップ」である。省庁が保有する情報システムの改革方針を示した。

2013年度の時点で1400近くに分散しているシステムを、2018年度までに統廃合で約6割の871にまで減らす。このうち約3割に当たる252システムは、各省庁が共同して利用する仮想サーバー環境「政府共通プラットフォーム」に移行するとした。

改革案の主眼は、政府CIOによるITガバナンスの強化にある。システム数を減らすことで、政府CIOによるチェックを利かせやすくする。

改革案の策定に当たっては、内閣官房や総務省行政管理局などを中心にシステムの棚卸しを敢行。全システムにIDを付番した。このIDが、投資計画の妥当性チェックや投資対効果の査定といった統制の基盤になる。「これまでは、予算項目の単位で管理しており、必ずしもシステム全てを追跡できていなかった」(政府関係者)。システムの統廃合に当たっては、遠藤氏は省庁の担当者に延べ100回以上のヒアリングを重ね、業務やシステムの現状把握に努めたという。

続いて、政府CIOが室長を務める内閣官房IT総合戦略室は2014年7月4日、各省庁が保有する情報システム関連のデータを一元管理するWebサイト「ITダッシュボード」を公開した。政府が進める施策の進捗状況を確認できる他、各省庁のシステムの数や予算といったデータを自由に取得・活用できる。

米連邦政府のIT投資を可視化して国民に示した「IT Dashboard」を参考に開発した。ITガバナンスの一環として、政府のIT投資の透明性を高めるのが目的だ。

かつてのITガバナンスは、省庁ごとに独立しており、政府全体として統制が利いていなかった。政府CIO制度が発足した後は、省庁ごとにシステムへの投資額や中身、投資効果について計画を作成し、内閣官房IT総合戦略室が予算段階でチェックするようになった。

この結果、2018年度末までに、システム運用経費のコスト削減を実現した。システムの統廃合によって、システム数は630近くとほぼ半減させた。運用経費は2021年度に2013年度比3割減となる約2900億円まで減らせる見通しが立ったとする。

人事・給与システム、本格稼働へ

政府CIOが主導して実現した成果の1つに、霞が関における長年の懸案だった人事・給与システムの各省庁への導入がある。

各省庁が個別に開発していた人事・給与の業務システムを一本化するこのプロジェクトは、人事院の主導で2003年にスタートした。同プロジェクトは、各省庁で重複したシステムを一本化する「府省共通システム」のモデルケースになるはずだった。

だが2006年、完成したシステムをレビューした省庁から「これでは使い物にならない」との批判が殺到、プロジェクトは仕切り直しとなった。失敗の原因は前章でも触れたように、システム共通化という理想に対し、政府が必要なIT人材も、人事に関わる業務の分析などで各省庁を巻き込むプロセスも用意しなかった点だ。当初の人事院の要員は、わずか7人だった。

人事院はプロジェクト立て直しのために2つの改善策を打ち出した。1つは、必要な人員を確保することだ。「職員5000人につき1人をプロジェクトに出してくれないか」。人事院の担当者は各省庁と交渉を重ね、人事業務を知る職員のプロジェクト参加を要請した。どの省庁も人手不足が慢性化していたが、システムが稼働せずに困るのは省庁自身だ。粘り強い交渉の結果、最終的に各省庁から20人ほどの人員を確保でき、人事院の要員を加えた30人以上の体制が整った。

ただし、正式な出向辞令は出せなかった。プロジェクトの根拠となる法律が存在しないからだ。政治の不作為を現場が補う形となった。

もう一つは、省庁横断型のワーキンググループなど、システムの要件や移行計画を決める省庁の壁を越えた上流工程のプロセスを整えたことだ。例えば要件定義では、出向者とは別に各省庁から担当者を呼び、4カ月のうちに延べ18回にわたり、終日議論を重ねた。各省庁の人事・給与業務は人事院の規則で定まっているが、日々の制度運用から内示書の書式に至るまで、各省庁の人事・給与制度は事務レベルで大きな違いがあった。この点を現場レベルで徹底的にすり合わせた。「1つの省庁しか要望していない要件には対応しない」というルールを設け、業務プロセスの共通化を促した。

2010年にシステムが完成し、各省庁への移行作業が始まった。だが数十万人が利用する国内最大規模の人事・給与システムだけに、移行は一筋縄ではいかなかった。システムの性能不足やソフトウエアの品質問題などが露呈。各省庁の移行が遅れていた。

政府CIOに就任した遠藤氏は各省庁へのヒアリングを重ね、開発したシステムの問題点を整理。性能不足を含めた約1・4万件の課題（インシデント）をグループ化し、グループごとに対応方針を決定した。これを基にシステムの改修および移行スケジュールを策定した。

各省庁で旧システムから共通システムに移行するに当たっては、特別移行支援チームを編成した。先行して移行した省庁で得たノウハウや知見を共有できるようにするためだ。さらに、移行の進捗状況を定期的に人事院総裁に報告させるなど、現場任せにせずトップの関与の下でプロジェクトを進めるようにした。この結果、2017年3月までに全省庁で共通システムへの移行を完了させた。

旅費システムも稼働、BPRで成果

このほか経産省が2006年から開発を進めていた、出張に伴う旅費の精算などを担う府省共通の「旅費等内部管理業務共通システム（SEABIS）」についても移行を完了した。2014年度から各省庁で、2015年度から地方支分部局を含めた全国で運用の開始にこぎつけた。

システム移行に伴う霞が関の業務プロセス改革（BPR）として、「旅費の精算完了までに時間がかかりすぎる」という積年の問題にも切り込んだ。旅費システムに蓄積されたデータを活用し、精算に時間がかかった案件を個別に分析。「精算ルールが複雑なうえ部署ごとに異なり、資料漏れなどに伴う差し戻しが発生しやすい」「特定の人に業務が集中し、精算が後回しになっている」といった実態が判明した。

そこで精算のルールを分かりやすく見直したうえで、必要な資料の漏れを警告するようシステムを改修した。この結果、精算までに要する日数を目標値に近づけることができた。

こうしたBPRのノウハウは、他の省庁でも横展開できるよう「デジタル・ガバメント推進標準ガイドライン実践ガイドブック」などの形で文書化した。

これまで失敗続きだった省庁のBPRが、小さいながらもようやく成果を挙げ始めた。

2018年7月に遠藤氏は政府CIOを退任し、建設大手の大林組で情報システム担当などを歴任してきた三輪昭尚氏にバトンタッチした。遠藤氏は引き続き、内閣官房IT総合戦略室のIT総合戦略官として各省庁のプロジェクトに助言している。

特許庁の正攻法、内製・調達力を高める

政府CIOのもとで進んだ改革の中でも最も規模が大きいのが、特許庁システムと年金システムの改革である。このうち年金システム改革の経緯は次章で取り上げ、特許庁システム「再刷新」の軌跡についてみていこう。

特許庁は失敗の事後処理と並行し、2012年より遠藤政府CIOの指導の下で、システム刷新の再開に向けて粛々と準備を整えていた。過去の失敗を分析し、新たな計画に反映していった。同じ間違いは二度と繰り返さない覚悟で、システム刷新に再挑戦している。

数百億円を投じ、10年近くをかけてシステムの刷新を完了する長期プロジェクトだ。従来のシステムは運用・保守に年間250億円を費やしており、システムの刷新で運用費の削減を目指すほか、審査業務の迅速化、利用者の利便性向上を図る。

システムの要件定義を経て2016年から調達を始め、2020年1月に第1段となる

「特実審査業務システム」の一部機能が稼働した。２０２０年末時点では残りの機能についてユーザーテストを実施しており、２０２１年７月に全機能をリリースする予定である。

２０１２年に再起動したプロジェクトは、４つのポイントで過去の失敗プロジェクトとは大きく異なるものとなった。（１）特許庁の職員が自ら業務を可視化、（２）入札方式を技術重視に、（３）開発の難度を引き下げ、（４）長官をトップとする推進体制。いずれも奇をてらうものではなく、いずれもシステム開発の正攻法に沿ったものである。

（1）特許庁の職員が自ら業務を可視化

ここが、過去プロジェクトと最も異なるポイントだろう。過去の刷新では、この業務の分析で大きくつまずいた。２０１２年に頓挫した過去の刷新プロジェクトにおいて、特許庁は前章でも触れたとおり、現行業務の分析作業をほとんどＩＴベンダーに丸投げしていた。当時の特許庁は、ＩＴベンダーの担当範囲を「基本設計と詳細設計」としながら、実際には現行業務の分析まで担わせていた。だが、ＩＴベンダー自身が特許庁の業務に詳しくなかったこと、特許庁の情報システム室とシステムのユーザーとなる業務部門（原課）の連携がうまくいかなかったことで、作業が遅れた。

ＩＴベンダーは人材派遣会社や協力会社を通じて、大量の人材を集めた。だが、特許について素人の技術者が大挙して参加したことで、プロジェクトの混乱に拍車がかかるばかりだった。この結果、製造工程につなげられるだけの成果物を作成できず、プロジェクトは頓挫した。

こうした過去プロジェクトの反省を受けて、特許庁は方針を大きく転換した。「業務の可視化」をＩＴベンダーに任せず、自ら実施することにしたのだ。

刷新失敗で業務部門にも危機意識

今回、業務分析を主に担ったのは、ＩＴベンダーでも情報システム室でもなく、実際にシステムを利用する立場にある業務部門だった。過去の失敗で、業務部門の間にも危機意識が高まっていた。過去に業務の電子化に関わったベテラン職員が現場に残っているうちに、ノウハウを形に残したいという意図もあった。

特許庁は、２０１２年から２０１４年12月までの約3年を費やし、55の業務を「ＵＭＬ（Unified Modeling Language）」と呼ばれる標準様式で記述した。記述量は１業務当たり約１６０ページ、全体で数千ページに及ぶ。

業務プロセスの可視化に当たっては、業務部門の管理職がプロジェクトマネジャー役を担い、通常業務の傍らで作業した。可視化の過程で明らかに無駄と分かる業務があれば、

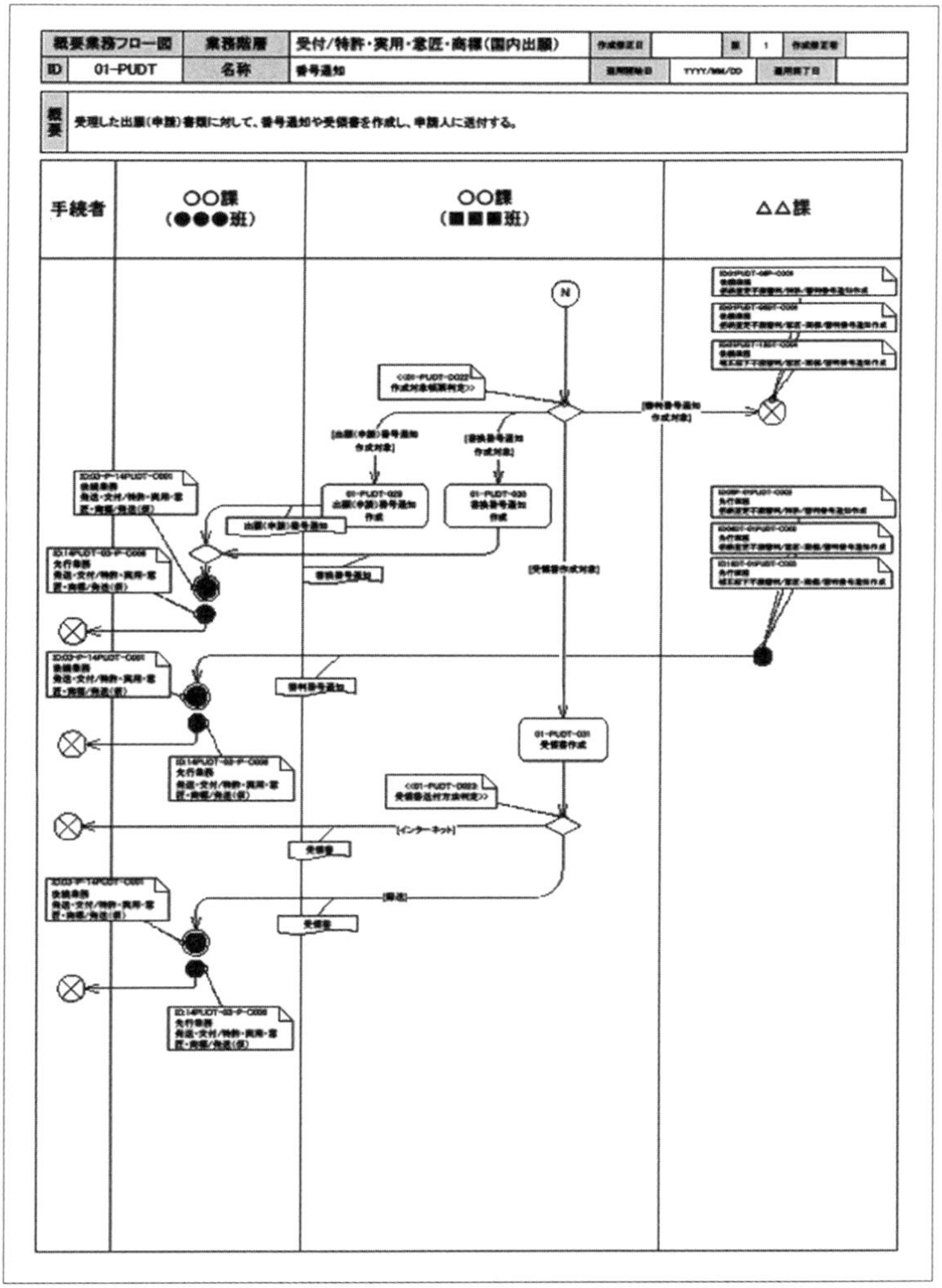

図　業務の流れを可視化した概要業務フロー図の一例（画像提供：特許庁）

情報システム室と相談の上、業務自体を修正した。

業務部門が業務プロセスの可視化を進める中、システム刷新の実務を担う情報システム室は、システム設計の根幹といえる「データモデル」を作成した。ここでもITベンダーに頼らず、専門家の助言を得ながら自ら作成に取り組んだ。

情報システム室の職員は、現行システムのデータ項目をベースに、特許法を解析してデータ項目同士の関係性を確認しながら、システムが扱うデータの要件を定めたデータモデルを作成。分からない点については業務部門の職員をプロジェクトルームに呼び、直接聞き取って補った。システム全体のデータモデルは、A3用紙20枚をつないだ大型紙いっぱいに及んだ。

業務分析とデータモデリング。特許庁は、業務システムの根幹である2つの上流工程を自ら実施する「内製力」を高めることで、システム刷新への下準備を整えた。

(2) 入札方式を技術重視に

過去プロジェクトと異なる2つめの特徴は、システム開発に向けて実施する入札の方式を変え、優れたITベンダーを選定する「調達力」を発揮できる体制を整えたことだ。

まず、入札に向けて特許庁が準備する調達仕様書は、これまでに作成した業務分析やデータモデルといった成果をもとに、過去プロジェクトと比べてシステム要件の精度を大幅に高めた。

システム調達の範囲については、複数のサブシステムごとに設計から開発、テストまでを一括発注する。

ベンダー選定のルールも大きく変えた。落札ベンダーを決める評価点の割合について、過去プロジェクトでは技術点1：価格点1だったのを、技術点3：価格点1に切り替えた。技術点の割合を引き上げることで、「安かろう悪かろう」の落札を防ぐ。過去のシステム調達失敗の反省から内閣官房が財務省と折衝して2013年7月にとりまとめた「情報システムの調達に係る総合評価落札方式の標準ガイドライン」で、この比率が認められた。

だが、これだけでは十分とはいえない。実際、過去に設計・開発業務を落札したITベンダーは、技術点は最低だったものの、安値入札のため価格点で他を引き離しており、仮に技術点3：価格点1の配分でも落札できていた。

このため特許庁は、技術評価を絶対評価でなく相対評価にすることで点数にメリハリをつけるほか、1位のベンダーに評価点を重点配分することで、技術力に優れたベンダーが大きな評価点を得られるようにした。評価に当たっては、実際にプロジェクトマネジャー（PM）を担う社員によるプレゼンを義務づけた。

（3）開発の難度を引き下げ

過去プロジェクトと異なる3番目の特徴は、スケジュールやアーキテクチャーを工夫して、システム開発の難度を引き下げたことである。

今回のシステム刷新は大きく3段階に分けて実施する。まず特許と実用新案の方式・実体審査を担う「特実審査業務システム」を刷新。続いて「公報システム」、「審判システム」、「意商（意匠・商標）システム」を刷新する。

過去のプロジェクトでは、全てのシステムやデータベースを一斉に新システムに切り替える計画だった。このためシステム構築の規模が肥大化し、プロジェクトの管理が極めて難しくなっていた。今回は、機能ごとに複数のサブシステムに分け、順次刷新する形にした。システムアーキテクチャーについても、一定の実績があるものを採用した。というのは、かつてプロジェクトが失敗した要因の一つに、採用したアーキテクチャーの難度が高かったことがあったためだ。

特許庁は今回の刷新計画では、既に開発ツールや開発の方法論が存在し、特定ベンダーに偏らないアーキテクチャーの採用にこだわった。この結果、2015年3月までにアーキテクチャーが固まった。複雑なシステムをいくつかの部品に分けてシンプルにする「SOA（サービス指向アーキテクチャー）」に基づき、可視化した業務プロセスを実行する「ＢＰＭ（ビジネスプロセス管理）」や、ＳＯＡの発想に基づきシステム間でデータをやりとりする「ＥＳＢ（エンタープライズ・サービス・バス）」を中核に構成する。

出願特許などの書類を格納するデータベースは、各業務に共通する文書を保存する共通データベースと、サブシステム内での仕掛かりデータを保存する個別データベースからなる。

過去の刷新プロジェクトでは、全データベースの共通化を目指していた。だが実際の業務プロセスでは、各業務に閉じた処理が多い。特許庁は、仕掛かり中の文書ファイルを保存する個別データベースを設けた方が効率的と判断した。

特許庁はシステム刷新に先駆けて、メインフレームのオープン化を２０１５年１月に完了させている。これが、共通データベースの母体になる。バッチ処理を行うＣＯＢＯＬコードは、その大半をそのままＵＮＩＸサーバーに移植（マイグレーション）した。

ＢＰＭＮ２・０で業務プロセスを記述する

データベース層の上で実際の業務プロセスを担うワークフロー層は、ＢＰＭ（ビジネスプロセス管理）ツールを活用する。

出願書類を審査する業務プロセスを、業務プロセス記述の国際標準である「ＢＰＭＮ２・

0」で記述。これをBPMツールに入力することで、同庁の業務プロセスに基づくシステムを構築する。

これにより、法改正などで業務の流れが変わっても、BPMNで記述した業務プロセスを改訂すれば即座にシステムに反映できるようになり、システム保守の手間を大きく軽減できる。特許庁は業務を可視化する過程で作成したUMLをBPMN2・0に置き換え、調達仕様書に反映させた。

BPMツールは、複雑な審査業務を抱える国内保険会社のほか、カシオ計算機やリクルートなどで採用実績がある。海外では、米国防総省が業務プロセス可視化の標準としてBPMNを採用し、業務改革に生かしている。

仮に特許庁がBPMツールの導入に成功すれば、他省庁の業務システムにも応用できる可能性がある。実際、次章で紹介する年金システムの刷新プロジェクトに際しても、特許庁のケースを参考にBPMNによる業務の可視化が進んでいる。

(4) 長官をトップとする推進体制

過去プロジェクトと異なる最後の特徴は、特許庁内のプロジェクト推進体制である。

特許庁はプロジェクト再開に当たり、特許庁長官を本部長、特許庁CIO(特許技監)

を本部長代理とする「特許庁情報化推進本部」を設置した。同本部が、情報システムの設計に当たって経営判断レベルの意思決定を担うほか、必要な予算・人員の確保、プロジェクトへの進捗報告評価といった機能を持つ。

実際のプロジェクト管理は特許庁PMOが担う。情報システム室、総務課、外部の専門家などで構成する。今回はサブシステムごとにITベンダーに設計・製造を委託するため、これら複数のプロジェクトを取りまとめる役割を担う。特許庁PMOは、個別プロジェクトの進捗について、特許庁CIOに週1回、特許庁長官には月1回の頻度で報告する。プロジェクトの開始以来、2021年現在までこの体制が続いている。

過去のプロジェクトでは別のITベンダーに委託していたベンダー管理業務は、今回は特許庁自らの手で担当する。各サブシステムの開発に参加する複数のITベンダーをとりまとめ、それらのサブシステムを接続、統合する作業を、特許庁の責任で実施する。

過去のプロジェクトでは、約100人を擁する情報システム室のうち、刷新に参加していたのは20人ほど、多い時期でも40人ほど。残りの職員は現行システムの運用に専念しており、両チーム間のやり取りは少なかった。このため、現行システムの知見をシステム刷新に生かせなかった。今回のプロジェクトでは、新システムと現行システムとが混在することから、情報システム室職員の大半は何らかの形でシステム刷新に関わることになる。

特許庁が身の丈を超えた計画に走らないよう、外部委員会「特許庁情報システムに関する技術検討委員会」が引き続き、プロジェクトの進捗を監査する。

２０２０年末時点で、開発は当初予定より遅延しつつも着実に進行している。特実審査業務システムは既存ベンダーのＮＴＴデータが受注し、２０２１年7月をメドに稼働を目指す。公報システムは日立製作所が受注し、２０２２年1月に稼働させる。いずれも同一のＢＰＭツールを活用し、最適化した業務プロセスをＢＰＭＮの形で組み込む。「審判システム」は調達手続き中で、２０２４年1月に稼働させる予定だ。最後に「意商システム」を稼働させれば、システム全体の刷新が完了する。

「担当者の短期異動」と「自治体システム」は置き去りに

政府ＣＩＯの設置により、特許庁などの大規模システムや府省共通システムを中心にプロジェクトの立て直しが進んだ。だがその一方、政府ＣＩＯの働きかけにもかかわらず変革が進まない事項もあった。

1つは官僚の人事異動だ。一般に中央官庁は2年ごとに異動を繰り返すため、内閣官房ＩＴ総合戦略室に配属になった後にデジタルの経験を積んでも、その知見を生かす前に異動になってしまう。これでは発注者としての能力を高めるのは難しい。

もう1つは政府と自治体との連携だ。遠藤氏は在任中にたびたび、電子行政の最大の問題として「国と地方がつながっていない」ことを挙げていた。国民にとって多くの手続きは自治体の窓口で行われる。国と地方と足並みを揃えない限り、使い勝手の良い行政サービスの実現は難しい。

約1700の地方自治体がバラバラにシステムを開発した結果、政府と自治体の間で業務やシステムの連携が取れなくなる——。この問題は、第2次安倍政権が発足した2012年当時も課題として認識されていた。

だが当時の政権は、システム改革を主導する政府CIOの法的権限を決める国会での議論の中で、「政府CIOの権限は自治体に直接及ぶものではない」とした。この結果、政府CIOが自治体システムの標準化などでリーダーシップを取るのは困難になった。自治体システムの改革を巡る議論は遅々として進まなかった。

それでも遠藤氏は内閣官房IT総合戦略室のメンバーとともに自治体を回り、「自治体クラウド」をはじめとする自治体システム共通化の施策を推進するよう知事や市町村長に働きかけた。いくつかの首長は共同化に賛意を示したが、1つずつ説得するには自治体の数はあまりに多い。

「国と地方がつながっていない」という遠藤氏の懸念は、新型コロナ禍の経済対策として政府が国民1人ひとりに10万円を配る「特別定額給付金」のオンライン申請を巡る混乱で、現実のものとなる。

第4章

セキュリティーに翻弄された年金システム

第2章と第3章で詳しく取り上げた特許庁システムと並び、開発が迷走した大規模システムがもう1つある。国民の老後の貴重な生活原資となる「年金」のデータを長期にわたり管理する社会保険オンラインシステム、いわゆる「年金システム」である。

年金システムは主に2つのシステムからなる。被保険者の保険料納付記録を管理する「記録管理システム」と、受給権者の記録管理や年金額の計算、支払いを担う「年金給付システム」である。現行の年金給付システムは1964年度(昭和39年度)に、記録管理システムは1984年度(昭和59年度)にそれぞれ稼働した。このほか、基礎年金番号を導入した1997年に「基礎年金番号管理システム」を稼働させた。

年金システムの主要ベンダーはNTTデータと日立製作所である。厚生労働省は2018年度に同システムの年間運用経費としてNTTデータに108億円、日立製作所に206億円を支払っている。政府システムの中でも特許庁システムと並ぶ巨大システムだ。

この年金システムも「業務・システム最適化計画」に基づくレガシーシステム刷新の対象となり、同システムをオープン化するプロジェクトが2006年に始まった。5年後の2011年の稼働を目指した。

特許庁システムと同じく複数ベンダーへの分割発注を基本方針とした同プロジェクトで、厚労省は基盤ソフトの基本設計と全体工程管理をアクセンチュアに、適用・徴収・給付など業務アプリケーションの基本設計をＮＴＴデータ、日立製作所、沖電気工業に分割発注した。だが、本来は密接に連携しているシステムを分割して発注したため、連携や共通機能の設計は難航した。

そんな折の２００７年、年金記録をめぐって国会が揺れに揺れた。いわゆる「消えた年金」の問題である。

「消えた年金」の衝撃

氏名が欠けた記録は５００万件以上、年齢不明は30万件。持ち主が分からない「宙に浮いた」年金記録５０９５万件の存在が、社会保険庁改革関連法案の審議中に明らかになったのだ。

年金システムの使命は国民の個人データや年金加入期間、保険料の納付実績を〝正しく〟記録・管理することだ。しかし、実際には氏名が欠けたり誤ったりしていたほか、「２月30日生まれ」「国内最高齢を上回る１１５歳」といった、あり得ないデータが記録されていた。

基礎年金番号を導入する１９９７年より前、社会保険庁は年金記録の名寄せのキーとして「氏名カナ」「生年月日」「性別」の３項目を使っていた。このデータに誤りがあれば年金記録と本人を結びつけることができず、記録は「宙に浮く」ことになる。

誤りのタネは30年近く前に撒かれていた。1979年、社保庁は年金の種別ごとにカナと漢字が混在していた氏名データを「カナ」に統一させると決定した。カナの方がシステムによる処理が容易との読みもあった。

社保庁はこの統一作業の過程で、過去の漢字については「漢字カナ変換辞書」で漢字をカナに自動変換した。これにより、実際の読み方と異なるカナが大量に生成された。

さらに、年金業務のシステム化が始まった1957年から現行システムが稼働した1984年までの四半世紀にわたって使っていたシステムの一部は、「2月30日生まれ」のような異常値をはじくチェック機能が欠けていた。性能面で制約があったためとみられる。

しかもどのような誤りがどの程度あったのかを定量的に把握してミス削減につなげるなどの改善活動をした形跡がない。「業務品質やデータ品質を確保しようという意図がそもそもなかったのではないか」との指摘もある。

年金システムは過去にさかのぼって年金の納付記録などを修正できる。年金を給付するタイミングで本人に過去の年金記録を確認してもらい、間違いがあればそこで訂正を受け付ける「裁定主義」と呼ぶ考え方に基づいていた。裁定主義を前提とする社保庁にとって、年金記録はあくまで目安。「間違っていても本人が後で申し出るから支障はない」との誤謬が、事態を深刻化させた。

プロジェクト再始動も、さらに遅延

年金記録の突合作業など「消えた年金」問題の事後処理に忙殺された厚生労働省が、年金システム刷新に向けた調達を再開したのは2010年のことだ。難航していた業務ソフトの基本設計の一部をやり直す業務の調達と、アーキテクチャー設計を再検証し基盤ソフトや業務ソフトから共通機能をくくり出す業務の調達を実施した。

だが、調達のトラブルで計画はさらに遅れてしまう。前者の「基本設計のやり直し」はNTTデータが2010年に18億円で落札し、2011年7月に契約通り完成させた。だが後者の「アーキテクチャー検証」は第2章でも取り上げたように、2010年に4億円で落札したITベンダーが2011年2月に未完のまま契約を解消。計画はさらに2年停滞した。

2012年に就任した遠藤紘一政府CIOは、年金業務の現場を視察しながら、1年をかけて厚労省の担当者と計画再開へ話を進めた。2013年3月の再入札で、アクセンチュアが約14億円で落札。2014年3月に作業を完了させた。この成果を受け、厚労省は2014年6月に新たな刷新計画の策定にこぎつけた。

2014年までに方針が定まったシステム刷新の詳細設計以降の工程は、まず年金記録管理システムについてフェーズ1、フェーズ2の2つに分けて実行し、その後に年金給付システムの刷新にとりかかるというものだった。

フェーズ1では、システムの中核であるメインフレームに登録する年金記録データの形式やデータベース構造は変えないまま、会社や個人が提出した届書の事務処理などに関わるシステムを刷新する。フェーズ1が終了すれば、事務処理の中で紙ベースの作業は大幅に減るほか、年金記録の登録ミスを防ぐチェック体制が整う。

そして刷新の本丸となるフェーズ2では、システム構成の見直しや更なる業務プロセス改革（BPR）を進める他、メインフレームをオープン化し、データベース構造を刷新する。最大の変更点は、これまで制度単位で構築していたデータベースを、個人単位に集約することだ。

現行システムは、法改正で新たな制度が新設されるたび、システムやデータベースを構築しており、管理が複雑になっていた。新システムでは、国民一人ひとりについて、基礎年金番号にひも付ける形で、データを統合管理する形に改める。

こうして詳細設計の方針が定まり、システム刷新への道筋がようやく固まった、かに見えた。

「セキュリティー」が刷新の足を引っ張る

そんな折、「消えた年金」問題に続いてプロジェクトを揺るがす大事件が発生する。社会保険庁の廃止に伴い2010年から公的年金の業務を担っていた日本年金機構は2015年6月1日、サイバー攻撃を受けて少なくとも125万件の年金情報が外部に流出したと公表した。漏れたのは基礎年金番号と氏名、性別、住所。直接の原因は標的型攻撃を受けたことだ。ウイルス付き偽装メールが開封され、ネットワークを通じてウイルスが拡散した。旧社会保険庁時代から続く情報共有の仕組みが被害を広げる一因となった。

流出した約125万件の個人情報のうち、約116万7000件は基礎年金番号・氏名・生年月日の3項目、約5万2000件は基礎年金番号・氏名・生年月日・住所の4項目、約3万1000件は基礎年金番号・氏名の2項目である。

標的型攻撃の始まりは1通のメールだった。機構が外部に公開する外部調達のメールアドレス宛てに標的型メールが届いたのは5月8日。「『厚生年金基金制度の見直しについて（試案）』に関する意見」という件名だった。

福岡県の職員がメールを開封し、パソコンがウイルスに感染した。件名にある文書は厚労省のWebサイトに存在しており、「メール本文には年金業務に関係するキーワードが含まれていて、内容は一見、怪しいものではなかった」（日本年金機構）。

機構のネットワークは厚労省のネットワークの配下にあり、内閣サイバーセキュリティセンター（ＮＩＳＣ）が24時間体制で監視していた。ＮＩＳＣは5月8日、不審な通信を受信し厚労省に報告。厚労省は通信の出所が機構のパソコンであると特定した。

機構を管轄する厚労省年金局は機構に対して、感染したパソコンのＬＡＮケーブルの抜線と回収を指示。検知から3時間後に抜線したという。厚労省は対応完了をＮＩＳＣに報告、ＮＩＳＣは不審な通信の停止を確認した。

機構は職員に注意喚起のメールを出す一方で、ウイルス対策ソフトを提供するセキュリティー会社にウイルスの検体を提出。ウイルスの分析と対応機能の開発を依頼した。5月12日に対応機能の提供を受けた機構は、全てのパソコンに適用。対応はひとまず完了した。

機構に対する標的型攻撃が再び本格化したのは、5月18日から20日にかけてだ。100通を超えるウイルス付きの不審なメールが、非公開のはずだった職員のアドレスに一斉に送られた。

機構は5月18日、不審メールから関係のある情報を抜き出してセキュリティー会社に提出。同時に職員に対し注意喚起メールを出し、翌19日には警視庁に相談した。それでも攻撃を防ぎ切れなかった。一部の職員が添付ファイルを開いてウイルスに感染し、ネットワーク経由で広がったとみられる。

5月22日に、NISCが再び不審な通信をキャッチする。ウイルス対策ソフトを更新し、25日には注意喚起メールを出したものの、19台のパソコンから大量の情報が外部に発信された。この過程で125万件の年金情報が外部に漏洩した可能性が高い。機構の報告書（以下、機構報告書）によれば、124通の標的型メールを受信し、5人の職員が開封。マルウエアに感染した当該パソコンを攻撃者が遠隔操作して、最終的には2つの拠点で31台のパソコンにまで感染が拡大したという。

機構は当初、どのような情報が漏れたかを把握しておらず、5月28日午後1時に警視庁からの連絡で年金情報が流出したことを知った。

尾を引く「消えた年金」問題

流出したのはインターネットにつながる情報系システムのファイル共有サーバーが保管していた情報だった。このファイル共有サーバーを使った情報共有の仕組みが、個人情報流出の被害が拡大した要因の一つとなった。

機構の職員が個人情報をファイル共有サーバーに格納することは「原則禁止だった」（機構）。だが実際には、基幹系の年金記録管理システムから抽出した個人情報をファイル共有サーバーに格納し、職員間や事務所間で共有していた。「拠点レベルで、顧客への電話や通知のためのリストを作る業務に使っていた」（同）とする。

個人情報を抽出する際は申請・承認が必要で、抽出したデータは暗号化した上でＤＶＤなどの記憶媒体に格納して職員に渡していた。職員はパソコンでＤＶＤの内容を復号し、ファイル共有サーバーに移したとみられる。サーバーのフォルダー構成は上位から、全国、ブロック、県、拠点といった順で、１２５万件以上の年金情報を収容していた。

個人情報を格納する際は、アクセス制限をかけたりファイルに「人に推測されにくいパスワード」を設定したりする内規だった。ところが実際には内規に反し、１２５万件の年金情報のうち約55万件にパスワードを設定していなかった。

ファイル共有サーバーは、少なくとも社会保険庁時代の２００３年ごろから利用している。当初は「事業者を年金に加入させる勧奨業務で効果的なプレゼン資料を共有する」といった事務所をまたがる情報共有で使っていた。

共有サーバーに個人情報を置くようになったきっかけの一つが「消えた年金」問題だった。持ち主不明の年金記録が５０００万件以上見つかり、利用者からの希望に応じて、いくつかの地方事務所は個別に土日にも対応するようになった。だが土日には基幹系システムを使えないため、ファイル共有サーバーに年金情報を置き、それを使って本人確認をしたという。

厚労省が地方事務所に指示した、年金記録問題の名寄せに関わる業務の一部を実行する際にも利用した。

基幹系システムとは別に情報共有の仕組みを作ったのは「基幹系システムの使い勝手が悪いからだ」と、当時の年金システムに詳しい関係者は指摘する。

現行の基幹系システムである記録管理システムが稼働したのは１９８４年。夜間や週末はバッチ処理に充てる必要があるために利用できない。バッチ処理が終わらず、日中にも使えない場合もあるという。このためファイル共有サーバーを導入する以前は、地方事務所では被保険者の個人情報を基幹系システムから紙に出力・保管していた。「特に利用時間の制限が問題を大きくした」（関係者）。

第三者委員会である「日本年金機構における不正アクセスによる情報流出事案検証委員会」の検証報告書（以下、委員会報告書）は、ファイル共有サーバーに個人情報をコピーした理由を「現場の都合を優先し」たためとし、内規違反の常態化を「幹部は現場を知らないまま形式的な対応に終始し」たからだと分析している。個人情報をインターネットの影響下に置くことは「官民を問わず他の組織では考えられない対応」と批判した。

官公庁システム、セキュリティー強化へ

流出事件を受けて日本年金機構は、セキュリティー対策の抜本的見直しに動いた。この

機構の動きが、機構にとどまらず政府や自治体全てを巻き込んだセキュリティー強化の流れにつながっていく。

同機構は2015年12月9日、年金情報流出事案を受けた「業務改善計画」を監督官庁の厚生労働省に提出した。改善計画の柱は、「情報セキュリティー対策の強化」と「情報開示の抜本的な見直し」、「組織の一体化・内部統制の有効性の確保」である。

セキュリティーの技術面の強化策としては、インターネットとの徹底した分離を打ち出した。これはグループウエアやファイルサーバーなどを通して機構内の情報共有に使う情報系システムである機構LANシステムが標的型攻撃に遭い、基幹系の年金記録管理システムから情報系システムにコピーした年金情報を攻撃者に奪われた反省に基づく。

機構LANシステムは従来、インターネットを使えたが、インターネットから切り離すことにした。標的型攻撃を受けた際は、脆弱性の残ったままのパソコンやサーバーがあり、監視も行き届いていなかったことから、今後は最新のセキュリティーパッチを適用し、重要機器も監視するとした。

もともとインターネットから分離している基幹系システムもセキュリティーを高めた。年金情報は情報系システムにコピーさせず、基幹系システム内に共有フォルダーを作り、生体認証などでログインする専用端末から閲覧する。専用端末には未知のウイルスを検知できる対策を追加した。

とはいえ「インターネットでのやり取りが必要な業務もある」（同）。そこでインターネットの閲覧とインターネットメールの操作だけに特化した専用パソコンを設置した。基幹系、情報系、インターネットの3つのシステムが混在するが「セキュリティー確保のためには分離が欠かせない」（同）とした。

だが日本年金機構はその後も情報管理で問題を引き起こしている。2018年3月には、マイナンバーなど個人情報の入力を委託した国内業者が中国の別の業者に業務を再委託し、一部の加入者情報が漏洩した事実を明らかにした。事態を受けて、政府は年金機構に対しマイナンバーを使った情報連携を停止した。

年金システム刷新計画、再・再始動

セキュリティーの話からは逸れるが、年金記録管理システムはその後、マイナンバー制度対応の改修を経て、刷新に向け再び動き出した。届書の事務処理などに関わるシステムを刷新する「フェーズ1」に相当する経過管理・電子決裁サブシステムが2017年1月から段階的に稼働。その後、2020年までに同システムに対応した年金記録の届書などの様式（紙、電子媒体、電子申請）を順次広げた。経過管理・電子決裁システムは電子申請と親和性が高く、電子申請の処理は早く完了できるようになっているという。2020

年末時点で「当初に想定したフェーズ1としてのスコープはほぼゴールが見えた」（厚労省年金局）段階だ。今後も社会情勢の変化に併せて、継続的に改善していくとする。

2020年4月からは、経済産業省が推進する法人向け認証システム「GビズID」を使った電子申請にも対応。電子証明書が不要になって利便性が高まった。主要な手続きの電子申請利用率は、コロナ禍で在宅勤務が普及したこともあり、2020年7月時点で39・1％と前年比で約2倍に高まったという。

2020年末時点では、年金記録管理システムのデータベース構造を刷新し、システム構成の見直しや更なる業務プロセス改革（BPR）を進める「フェーズ2」に向け、日本年金機構が業務プロセスの可視化と最適化を進めている。特許庁システムの事例を参考に、全国の年金事務所や事務センターの業務をBPMN形式で記述する作業を進めた。「政府CIOや（前政府CIOの）遠藤紘一IT総合戦略官、外部有識者からの助言を踏まえ、同機構本部の職員が、現場である事務所やセンターの職員と膝詰めで議論し、ここ2年で300近い業務の流れを可視化した。主要な業務プロセスのAsIs（現行業務）を1つ例に出力するとA3用紙20枚ほどになる」（厚労省年金局）。

ただし、これで終わりではない。年金記録管理システムを刷新した後は、もう1つの巨大システムである年金給付システムの刷新が控えている。過去にCOBOL言語で記述した膨大な給付の計算式を「解読」して新システムに移す、高難度の作業となりそうだ。

拙速なセキュリティー対策が生んだひずみ

2015年に発生した年金情報流出事件は、年金システムにとどまらず全省庁にさらなるセキュリティー対策を促すきっかけになった。同年夏、政府高官や有識者からなる内閣官房の「サイバーセキュリティ対策推進会」の会合で議長を務めた杉田和博内閣官房副長官（当時）が「行政システムで機微な情報を扱う部分とインターネットなどを分離する」などの対策を指示したのだ。

だが、現場の実情やセキュリティー人材などのリソースを踏まえない指示は、現場で様々な無駄や混乱、ひずみを生むことになった。

その事例の1つが、政府の共通ITインフラ上に構築した、高いセキュリティーを確保した専用区画「セキュアゾーン」である。2017年に構築したが、利用実績が全くなく、わずか2年で廃止した。対策があまりに強固すぎて利用する側の要件に合わなかった。拠出した予算18億8709万円は無駄遣いに終わった。以下、失敗に終わった要因について詳細にみていこう。

誰にも使われず、ひっそり撤去

2019年3月、中央省庁が共同利用しているデータセンターのある区画から、ファイアウオールやネットワーク機器などのセキュリティー対策機器がごっそりと撤去された。

この区画の運用が始まったのは2017年4月。省庁横断で多数の行政システムが稼働していた仮想サーバー環境「政府共通プラットフォーム」の中でも、特に高度な情報セキュリティー対策を施した「セキュアゾーン」と呼ぶ専用区画だ。

本来なら2017年4月の運用開始から複数の行政システムがセキュアゾーンで運用され、区画に用意したラックが次々と埋まっていくはずだった。

しかし運用開始からの2年間で利用実績はゼロ。構築・運用を担当した総務省はこれ以上の利用が見込めないと判断し、わずか2年で廃止した。

総務省がセキュアゾーン向けに確保した予算は2023年までの5カ年運用分で総額23億6633万円に上る。機器などのリース契約を短縮して支出を途中で止めたものの、予算の約8割にあたる18億8709万円を消化済みだった。

総務省がセキュアゾーンをひっそりと廃止した事実は会計検査院の検査で明らかになった。会計検査院は2019年10月28日、一連の経緯と問題点を指摘した報告を公表した。報告では「計画を作る前に実需を把握し費用対効果を検討するべき」などと指摘し、再発を防ぐための是正改善を勧告した。
どの省庁も利用しないセキュアゾーンが、なぜ作られてしまったのか。

年金情報流出で「分離が必要」

セキュアゾーンを構築したきっかけは、前述したサイバーセキュリティ対策推進会による「行政システムで機微な情報を扱う部分とインターネットなどを分離する」という指示だった。

この方針を受けて、政府は新たなセキュリティー対策の導入を具体化した。2015年末にまとめた補正予算案で、国や自治体、独立行政法人が実施する様々なセキュリティー強化策として520億円の拠出を盛り込んだ。

政府共通プラットフォームのセキュリティー対策費用もこの中に含めた。職員が利用する端末も含めてインターネットとの分離を徹底した区画を設ければ、議長指示通りの高度なセキュリティー強化策が実現できる。総務省はこう考え、政府共通プラットフォームの中に特に機微な情報を扱う専用区画を設ける方針を固めた。2016年1月の補正予算成立から、この方針に従う「セキュアゾーン」の要求仕様作りに着手した。

並行して各省庁に利用意向を聞いた。厚生労働省が感染症の情報を扱うシステムなど3

つと、農林水産省が企業情報を扱うシステムについて利用希望があると分かった。総務省は「実需はありそうだ」と判断した。

セキュアゾーンは利用端末をゾーン内の仮想ＰＣに限定し、外部からは画面転送方式で仮想ＰＣを遠隔操作する仕様にした。利用端末を踏み台にした攻撃による情報漏洩を封じるためだ。仮想ＰＣと外部のデータ交換は禁止とした。さらに他の侵入経路を塞ぐため、原則として他の行政システムとは連携させない仕様にした。

総務省は仕様書に基づく入札手続きを経て、機器などのリース契約先として東京センチュリーを選定した。機器やソフトウエアを供給・構築するＩＴ

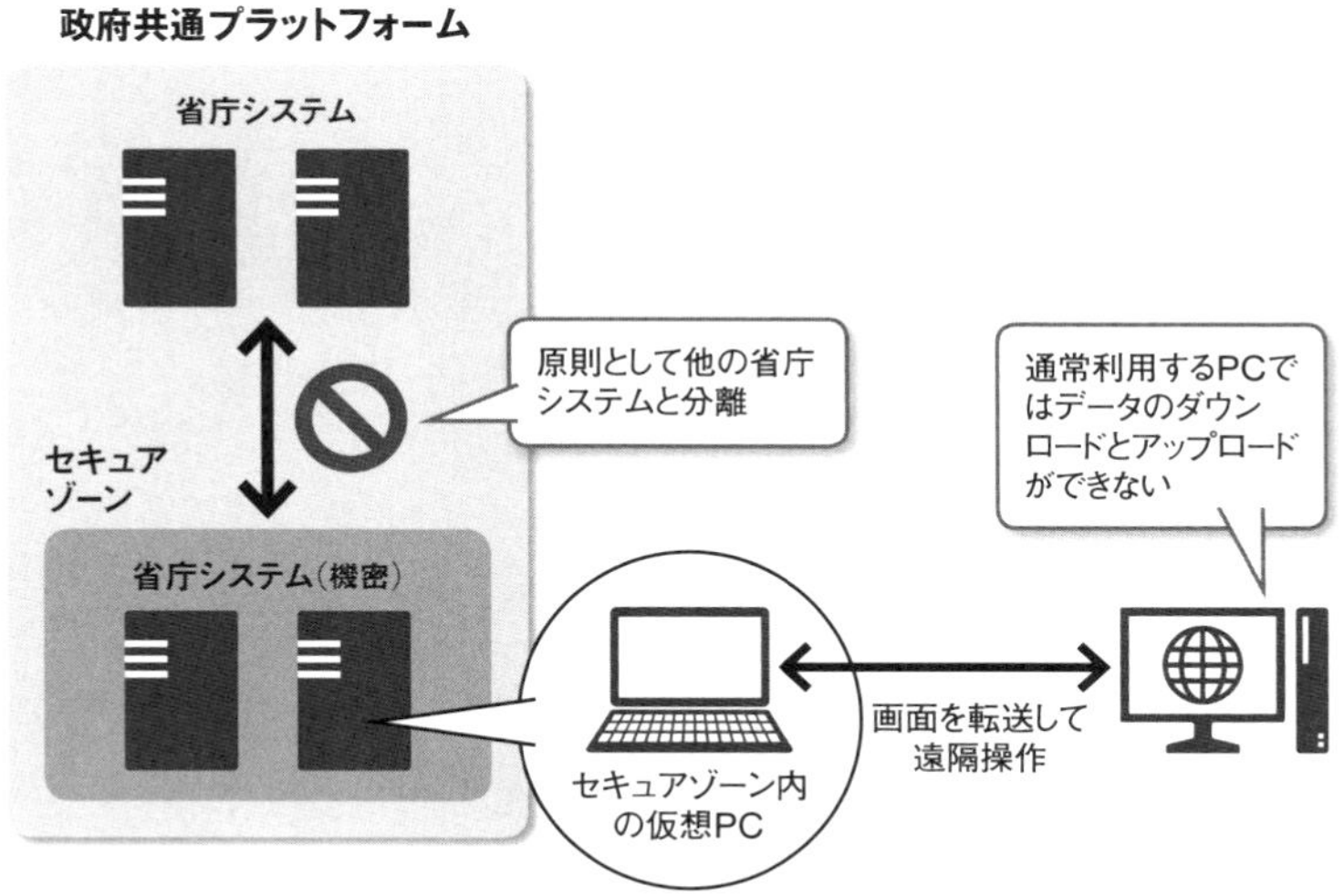

他のシステムと完全に分離しセキュリティーを強固に
図　総務省が構築したセキュアゾーンの概要

ベンダーは同社からの業務委託でNTTデータ、富士通エフサス、NECソリューションイノベータの3社が選ばれた。受注金額は5カ年分の総額で20億685万円である。

政府共通プラットフォーム自体の構築運用も請け負うNTTデータはこの契約とは別に政府共通プラットフォームの改修・増築案件も受注した。総額8億5639万円、うちセキュアゾーン関連費は3億5948万円だった。

ベンダーが決まり、2016年10月からシステム構築が本格化した。

「情報が不十分」、利用希望が一転

しかし2017年4月の運用開始を前に、早くも暗雲が垂れ込める。

「機能に関する情報が不十分だ。利用するかどうかは回答できない」。2016年12月に総務省が厚労省に確認したところ、担当者からこう返答された。だがその後も総務省は厚労省へ詳しい説明をせず、総務省は最終的に厚労省という「大口顧客」を逃した。

そもそも総務省と厚労省には最初からボタンの掛け違いがあった。厚労省は利用意向の調査時に、セキュアゾーン利用の条件として「日常業務で職員のパソコンにデータをダウンロードできる必要がある」と明言していた。総務省の担当者はこの機能を実現しない方針だったにもかかわらず、その説明をせず、議論や調整の機会も持たなかった。会計検査院は総務省の説明や各省庁との調整が不十分だったと断じた。

要求仕様作りにも問題があった。「インターネットと分離」という議長指示は大まかな方針と捉えるべきで、「対策の内容までは指定していない」（会計検査院）。対策は情報の重要度に応じて複数の選択肢を用意し、対策別に需要や費用対効果を検討して決めるべきだった。しかし会計検査院の検査によると、総務省の担当部署はこうしたニーズを把握しないままIT調達に携わっていたという。

セキュアゾーンを担当した総務省行政情報システム企画課は、政府共通プラットフォームなど省庁横断の行政システムを担う。本来はIT調達の手本となるべき立場にもかかわらず、会計検査院から「ダメ出し」を受けた格好だ。

結局、セキュアゾーンは制約が強すぎて、その後も利用を希望する省庁は現れなかった。政府が取り組むIT調達のガバナンスにも問題があった。政府のIT予算は政府CIOの下で無駄なIT投資を減らすために、様々な点検や助言を受ける体制に移行したはずだった。

しかし総務省は今回のプロジェクトについて「政府共通プラットフォームの追加機能である」として、新規にプロジェクト計画書を作成しなかった。このため内閣官房などによる点検を受けずに予算が執行されてしまった。短期に執行する必要のある補正予算だったこともあり、事前の調査なども不十分なまま調達手続きが進んでしまった。

この調達を進めた当時の総務省の担当者らは他部署に異動。現任の担当者は日経コンピュータの取材に「当時の作業状況は分からないが、システムへの需要や費用対効果を踏まえたシステム調達ができていなかった。大変反省している」と話した。

自治体はセキュリティー対策が形骸化

年金記録流出事件をきっかけにセキュリティー対策が強化されたのは、政府システムだけではない。マイナンバー制度の実務を担う自治体にも、同様の指針が適用された。だが、拙速な対策指示が災いして「面従腹背」の自治体が相次ぐこととなった。

会計検査院は2020年1月、マイナンバーを含む個人情報を扱う全国の自治体のセキュリティー対策について抽出調査したところ、217市区町村のうち12の自治体において、本来マイナンバーを利用する全ての端末に必要になる「二要素認証」を導入していない端末があったと公表した。

検査院によると、12自治体は二要素認証をマイナンバー利用端末の一部に導入していなかったり、利用端末の全てに導入する予定がなかったりした。

二要素認証は利用者だけが知っているID・パスワードに加えて、ICカードやUSBトークンなど「所持」による認証や、指紋や静脈といった「生体」による認証を組み合わせる手法だ。二要素認証によって、ＩＤ・パスワードを使った他人によるなりすましを防ぐ狙いがある。総務省は二要素認証を導入していない市区町村があることを十分に把握していなかったという。

さらに自治体のなかには、マイナンバーを含む個人情報の持ち出しに関するログを記録していなかったり、ネットワーク分離が徹底できていなかったりする例もあった。本来であれば自治体は、誰が不正アクセスなどをしたか特定できるようログを記録したり、庁内ネットワークを「マイナンバー利用事務系」や「インターネット接続系」などに分離したりする必要があった。

国や自治体は２０１７年11月から行政機関の間で税や社会保障などの行政手続きをする際に、マイナンバーを使って個人情報の照会や情報提供をする情報連携を行っている。マイナンバーは国内に住む全ての人に付与された唯一無二の12桁の番号だ。氏名や住所、性別、生年月日と関連付けられている。マイナンバーを含む個人情報が漏洩すると、個人への重大なプライバシー侵害につながる恐れが高い。

検査院は総務省に対して、自治体がマイナンバー利用端末に二要素認証を導入しているかやネットワークを分離できているかといった状況を把握して「地方公共団体に対して助言を行う必要がある」と改善を求めた。

総務省は検査院との情報交換を踏まえて２０１９年11月に全自治体を対象にした事務連

絡で「一部自治体への指摘と同様の問題がないか確認を求めた」（総務省地域情報政策室）という。

年金機構の教訓で導入した対策

二要素認証などのセキュリティー対策は、2015年の年金記録漏洩事件を踏まえて導入された。しかし一部の自治体では年金機構の教訓が生かされず、形骸化が進んでいたことになる。

同機構の調査委員会の報告書などによると、流出の直接的な要因は標的型攻撃を受けた場合にLANケーブルを抜く以外に具体的な規定がなく、事態の確認が遅れて有効な対策が講じられなかったことにあった。流出した個人情報にはアクセス制限やパスワードの設定がないものが多数あったという。

そこで総務省は2015年度と2016年度に「自治体のセキュリティー強じん性向上事業」と呼ばれる対策を進めた。マイナンバーを利用する自治体のセキュリティー対策を急いで進めるものだった。全国の都道府県や市区町村に対して補助金を交付して導入した。

総務省は同事業を通じて、自治体に対して外部と接続するネットワークを3つに分離するよう求めた。マイナンバーを利用した事務処理を行う「マイナンバー利用事務系」と、国と自治体を結ぶ専用ネットワークである「ＬＧＷＡＮ接続系」、Ｗｅｂ閲覧やメールの送受信に利用する「インターネット接続系」である。通信経路を３つに分割するネットワーク分離は「三層の構え」と呼ばれる。

このうち住民の情報を扱う住民基本台帳システムや税、社会保障、戸籍事務などを行うマイナンバー利用事務系は、原則として他の領域との通信ができないように分離の徹底が求められた。そのうえで端末を利用する際に二要素認証や、ＵＳＢメモリーなどの外部記憶媒体を使って端末から情報を持ち出せないように「情報の持ち出し不可設定」などを導入して住民情報の流出を防ぐ対策が盛り込まれた。

総務省は全国の自治体が「三層の構え」を進めるために必要なセキュリティー対策機器を導入する経費を総額５１０億円と見積もった。そのうちおよそ半分の計２３３億４５８８万円を「地方公共団体セキュリティ強化対策費補助金」として46都道府県と１７２７市区町村の計１７７３自治体に交付した。

二要素認証を骨抜きにした自治体も

こうした状況を踏まえて会計検査院は18都道府県と２２３市区町村の計２４１自治体を抽出して、情報セキュリティー対策が着実に実施されているかを調査した。２２３市区町村のうち、マイナンバー利用事務系の端末があって二要素認証を導入していたのは219市区町村あり、そのうちの217市区町村が強じん性向上事業によって二要素認証を導入していた。そして前述の通り12市区町村で一部の端末に二要素認証が導入されていなかった。

二要素認証の運用に関して多数の問題も見つかっている。例えばＩＣカードなどの「所持」や指紋などの「生体」の認証エラーとなった場合、あらかじめ設定したパスワードで認証を代替できる運用にしていた自治体は217市区町村のうち27市区町村にのぼった。職員がこのパスワードを使うと、システムを管理する職員に別途依頼するなどの手続きをすることなくログイン可能だった。つまり一部の自治体では二要素認証が実質的に形骸化していたと言える。

さらに、217市区町村のうち7市区町村は一部のアカウントについてＩＤ・パスワードや「所持」による認証手段を職員の間で両方とも共有し、共有する認証の手段のみで端末や業務システムにログインできる状況だった。

端末のローカルドライブや複数の端末からアクセスできるファイルサーバーの共有フォルダーに、法律で用途が限定されているマイナンバーを含む個人情報を保存している自治体は合計122市区町村あった。そしてこのうち15市区町村は共有する認証手段で端末にログインできる状況だったという。マイナンバー利用端末からの情報の持ち出しを不可とする設定も12市区町村で徹底していなかった。

総務省が公表している自治体向けのガイドラインなどでは、住民情報や人事記録などは同一課室であっても担当職員以外の職員らが閲覧や使用できないようにする必要がある。こうした規定が守られていなかった。

検査院の報告書によると、問題のある運用をしていた自治体のなかには「正規の権限がなくても、同じ課室などに所属する職員であれば問題ない」と判断していた例があったという。「個人単位での権限設定の作業が煩雑」といった声もあったという。

検査院はネットワークを3つに分割する「三層の構え」についても、223市区町村の実施状況を調べた。マイナンバー利用事務系と他の領域の分離や、LGWAN接続系とインターネット接続系の分割は、2019年3月末の時点で223市区町村全てが実施していた。

しかし一部の自治体は、通信機器による通信経路の限定やファイアウオールによる通信プロトコルの限定を徹底していなかった。また49市区町村は標的型攻撃対策としてのメール転送の「無害化」をしていなかった。本来であればインターネット接続系の端末からLGWAN接続系の端末に電子メールを転送する際には、HTML形式のメール本文をテキスト形式にしたり添付ファイルを削除したりするなどの無害化対策が必要だった。

自治体の「思考停止」に警鐘も

総務省は強じん性向上事業に際して、自治体に対し庁内の情報資産やシステムを洗い出して情報の流れを整理するよう求めていた。自治体の情報システムはそれぞれの事情に応じて構築されているためだ。その一方で総務省は自治体に対し、全ての対策をマイナンバーの利用開始までに完了するよう求めてもいた。ある自治体の情報システム担当者は、「自治体は総務省の指示に追われた面があった」と振り返る。

こうした事情があったため自治体は「補助金を受け取るためにセキュリティー対策製品を買うというような思考停止に陥った」（同担当者）という。検査院の指摘についても「二要素認証さえ導入すれば問題ないという風潮になりかねない」（同）と懸念する。

検査院は報告書について「補助金を出した総務省の責務としてセキュリティー対策がきちんと運用できているか助言する責任について述べたもの」（第五局情報通信検査課）と説明する。自治体が二要素認証を導入する範囲などについて自ら判断してセキュリティーを高める必要があるとして「指摘をした点を直せば全部ＯＫというたぐいの報告書ではない」（同）と強調する。

国民のデータをサイバー攻撃から防ぎ、漏洩を防止する――この方針自体は正しい。だが、ただ上から方針を示すばかりで、現場の業務との摺り合わせや丁寧な説明、導入後の監査といった工程を欠けば、いずれ対策は形骸化し、現場の勝手な運用でセキュリティー上の「穴」が空くことにある。年金記録流出問題の教訓は、未だに生かされているとは言いがたい。

第5章

マイナンバーカードの一進一退

「行政の効率化、国民の利便性の向上、公平・公正な社会の実現のための社会基盤」――。こんな触れ込みで2015年10月に運用が始まったのが、国民一人ひとりに12桁の番号を割り振るマイナンバー制度だ。

この制度に沿って、政府は行政手続きのポータルサイト「マイナポータル」や、各省庁が持つ個人の情報をやり取りして添付書類を省略する「情報提供ネットワークシステム」などの関連システムを開発した。開発の遅延や運用後の不具合、使い勝手の悪いUI（ユーザーインターフェース）などでたびたび批判を浴びつつも、年を追うごとに改善が進んでいった。

だが、2020年に日本を襲ったコロナ禍で、その力を存分に発揮できたとは言いがたい。その原因を探るため、改めてマイナンバー関連システムの開発プロセスを検証する。

マイナポータル、ログインでつまづく

内閣官房と内閣府は2017年1月16日、マイナンバー関連行政サービスのポータルサイトであるマイナポータルを公開した。だがサイト開設当初、マイナポータルのログイン認証に対して、利用者から不満が噴出した。なぜ、国民が便利に使えるシステムを当初から構築できなかったのか。その経緯を振り返ろう。

行政関連の個人データが集まるマイナポータルは、2016年1月に交付が始まったマイナンバーカードのICチップに組み込まれた電子証明書を使った「公的個人認証サービス（JPKI）」で、厳格な本人確認とログイン認証を実施する。

カードを通じて利用できる公的個人認証サービスには、2つの種類がある。1つは、実印に相当する電子署名や、運転免許証と同等の本人確認手段として使える「署名サービス」。もう1つは、オンラインサービスのログイン認証や年齢認証などに向けて新設された「利用者証明サービス」だ。マイナンバーカードには、それぞれのサービスに対応した2種類の電子証明書が組み込まれ、それぞれ専用の暗証番号（パスワード）を入力して利用できる。このうちマイナポータルがログイン認証に使うのは後者の機能だ。

公的個人認証サービスは、もともとは住民基本台帳カード（住基カード）に組み込まれる形で、2004年1月から始まった。とはいえ、用途が行政サービスに限られていたこともあり、用途の開拓はあまり進まなかった。個人向け用途では、国税電子申告・納税システム（e-Tax）の確定申告用に使われるのがせいぜい。発行された電子証明書は、2014年末時点で約288万件にとどまっていた。

マイナポータルは、マイナンバーカードの普及を促す先兵としての役割が期待されていた。マイナポータルを通じて「子育てワンストップサービス」などの便利な行政サービスを提供することで、カード保有の機運を高める狙いがあった。

だが、JPKIによる個人認証を実現するうえで、2017年当時のマイナポータルは動作環境に一定の制約があった。推奨Webブラウザーがwindowsでは「Internet Explorerの32ビット版」、Macでは「Safari」に限定。さらに、マイナポータルの利用に当たって複数のソフトのインストールを求めた。米オラクルが提供するJava実行環境、自治体向け共通システムを運用する地方公共団体情報システム機構（J-LIS）が提供する「JPKI利用者クライアントソフト」、そしてマイナポータルが提供する「マイナポータル環境設定プログラム」のインストールは必須。カードリーダーのドライバーソフトも、必要に応じて最新版にアップデートしなければならない。

ICリーダーライターを購入し、民間サイトを含む複数のサイトを巡ってソフトをインストールし、設定を完了させる。ITリテラシーの高いユーザーでも、ログイン成功まで至るのは相当な苦労を要した。

各組織バラバラにコストを最適化

当時のマイナポータルでJava実行環境が必須となった理由について、内閣官房番号制度推進室 番号制度推進管理補佐官の楠正憲氏は日経コンピュータの取材に「できるだけ多くのＷｉｎｄｏｗｓパソコンとＭａｃに対応しつつ、端末ソフトを共通化して開発および保守の工数を最適化するため」と回答している。そこには、各組織がバラバラにシステムの「部品」を開発し、コストの削減を進めた結果、国民にとっての使い勝手が置き去りにされた構図が透けて見える。

マイナポータルの運用が始まった２０１７年当時、ブラウザーからＩＣカードリーダーを直接操作できる標準技術は策定されていなかった。マイナポータルや国税電子申告・納税システム（ｅ-Ｔａｘ）などの公共サービスは、「Ｊａｖａプラグイン」や「ＡｃｔｉｖｅＸ」などのアドオンを通じ、Ｊ-ＬＩＳが提供するＪＰＫＩソフトなどにアクセスする必要があった。

インストール作業を減らす方策の一つとして、ブラウザーを使わず、ＷｉｎｄｏｗｓやｍａｃＯＳ上で動作するネイティブアプリを用意する方法がある。だが、ＪＰＫＩの機能をネイティブアプリに組み込むＳＤＫ（ソフト開発キット）を開発するＪ-ＬＩＳは当時、開発工数の削減のため、ｍａｃＯＳ版ＳＤＫの開発に手を付けていなかった。マイナポータルやｅ-Ｔａｘといった公共サービスを運営する各省庁も、アプリのバージョン管理など保守コストをかけるのを嫌い、Ｊ-ＬＩＳのソフトに頼っている。

Ｊ-ＬＩＳと各省庁が運用、保守コストの最適化を優先した結果、利用者は公共サイトと民間サイトからソフトをバラバラにインストールする必要が生じてしまった。利用者から見てハードルの高いシステムになってしまったわけだ。

出足でつまずいたマイナポータルだが、改善は素早かった。2018年1月までに、専用アプリをパソコンにインストールするだけで、1分ほどでマイナポータルにログインできる環境が整った。AndroidやiPhoneなどスマートフォン向けアプリも用意した。

マイナポータルが短期間に改善できたのは、サイトの使い勝手が問題になってから「総務大臣（高市早苗氏）から『私が使えるようにしろ』という明確な指示があったため」と楠氏は語る。改善に当たっては外部の技術者の助言が役立ったという。

コロナ禍で真価を発揮できなかったマイナンバーカード

こうして使い勝手を高めていったマイナンバーカードとマイナポータルだが、2020年の新型コロナウイルス禍において、残念ながら真価を発揮できたとは言いがたい。

2017年当初のマイナポータルのログイン認証においては、前述のようにマイナポータル開発元の内閣官房とJPKIソフトを提供するJ-LISとの連携がうまくいかなかった。同様に、コロナ禍においては内閣官房とJ-LIS、そして自治体との間で連携に支障があった。第1章でも触れた特別定額給付金オンライン申請での混乱について、その要因の分析を含めて改めて振り返ろう。

2020年5月1日に始まった特別定額給付金オンライン申請は、自治体などに電子申請ができるマイナポータルの機能「ぴったりサービス」と、マイナンバーカードの本人確認／電子署名機能を組み合わせ、迅速に給付金を申請できることを狙ったものだった。

だが、実際には申請者による氏名や住所などの誤入力や二重申請が相次いだ結果、自治体が持つ住民情報との照合に多大な手間がかかった。2020年6月1日までに43自治体がオンライン申請の受け付けを停止した。

ただし実際には、オンライン申請が総じて「ダメ」だったわけではない。狙い通り早期の給付にこぎ着けた自治体も多かった。ある都内の自治体はExcelの手製ツールを使い、申請データと給付対象者リストを突合し、世帯構成人数の一致を確認。作業を省力化した結果、5月20日時点で申請の9割近くの給付を完了した。郵送での手続きと比べ、1カ月近く早い給付ができた格好だ。

なぜ「うまくいく自治体」と「うまくいかない自治体」に分かれたのか。その理由を知り、改善策を図るには、自治体のシステムの現状やマイナンバー制度が設計された経緯を遡る必要がある。

なぜ「自動入力」ができないのか

今回のオンライン申請で一部の自治体の業務が滞った理由の1つに、氏名や住所の誤入力が多かった点がある。おおよそ申請の1割に何らかの誤入力があり、大半は自治体職員の職権で修正できたが、中には申請を受理できないものもあった。

オンライン申請に続き実施された郵送方式では、あらかじめ帳票に世帯主や世帯構成員の情報を印字してあり、誤記入の余地はない。なぜオンライン申請でも、世帯主や世帯構成員の名前をあらかじめ自動入力できなかったのか。

その主な理由として、万一不正アクセスがあった際の被害を最小化する他に、自治体が持つ氏名・住所の情報を1つのシステムに集約する行為が解釈次第で憲法違反ととられかねない点がある。

マイナンバー制度に基づき行政機関と自治体のシステム間で住民のデータをやり取りする情報提供ネットワークシステムには、自治体が持つ住民の氏名・住所・性別・生年月日、いわゆる「基本4情報」を送信してはならないという運用ルールがある。

今回のオンライン申請に使われたマイナポータルの「ぴったりサービス」はログイン不要のWebフォームであり、そもそも自治体のシステムから4情報を取り出す機能は全く想定されていない。今回のオンライン申請ではマイナンバーカードに記録された基本4

情報を呼び出すことで、申請者である世帯主の氏名や住所は自動的に入力できるが、世帯主の家族の情報までは読み出せず、手入力するほかない。

さらに、マイナンバーカードから呼び出せる氏名・住所の文字コードは、自治体が住民情報の管理に使う「住基統一文字」とはコード体系が異なる。これは住基統一文字が使えない一般的なパソコンでも氏名・住所を扱えるようにするための措置だが、両者の氏名・住所を機械的に照合するのは難しい。

仮にマイナンバーカードを使ってマイナポータルにログインしたとしても、やはり氏名や住所などの情報は引き出せない。情報提供ネットワークシステムにそうした機能がないためだ。今回のオンライン申請において、郵送方式のように世帯主・世帯構成員の氏名や住所を事前に取得できなかったのはこのためだ。

これはマイナンバー制度を運用するシステムが、2008年3月6日のいわゆる「住基ネット最高裁判決」を踏まえて設計されていることに起因する。

この裁判では、本人確認のため自治体が持つ基本4情報をやり取りできる「住民基本台帳ネットワーク」について、個人のプライバシー権を侵害し憲法13条に違反するかが争われた。

この裁判で最高裁判所は住基ネットを合憲と認めたが、その根拠の1つに「個人情報を一元的に管理することができる機関又は主体は存在しないこと」を挙げた。

この判決の後に設計され2015年に運用が始まったマイナンバー関連のネットワークシステムは、この判決を基に「個人情報の一元的な管理」を徹底的に避ける仕様となった。自治体と行政機関の間で「世帯主との続柄」「所得」といった個人の属性情報をやり取りする際は、氏名や住所などはネットワークに流さず、マイナンバーから生成した「符号」に、所得などの属性情報をひも付けて送受信する。

もし仮に、今回自治体が郵送申請のため各世帯に送った印刷物と同じものをマイナポータルで扱えるようにした場合、自治体からマイナポータルへ氏名や住所などの情報が集約されるため、運用ルールに違反する――少なくとも、マイナンバー制度を運用する内閣府や総務省などはそう解釈している。

憲法違反とみなされる可能性が少しでもあるような運用を、行政が現場の判断で実施するのは難しい。

突合作業にマイナンバーは使えなかったのか

では氏名・住所が呼び出せないとして、個人を特定できるマイナンバーを合わせて送信すれば、少なくとも世帯主の突合作業を省力化できたのではないか。

だがこれも、少なくとも行政の判断では実行できない。2015年に施行されたマイナンバー法は、マイナンバーを利用できる事務（法定事務）を法律の別表で厳格に定めているためだ。この表にない事務にマイナンバーを使う場合、新たな法改正が必要になる。

実は今回のオンライン申請では、マイナンバーは使えない一方、別のＩＤが世帯主の突合に使われた。マイナンバーカードで本人認証に使われる「利用者証明用電子証明書」のシリアル番号である。

マイナンバーカードのＩＣチップは、前述のように2種類の電子証明書を格納している。電子契約や電子申請で署名・押印の代わりに使える「電子署名用電子証明書」と、マイナポータルへのログインや住民票のコンビニ発行などの本人認証に使う「利用者証明用電子証明書」だ。

今回のオンライン申請は、ログイン不要のＷｅｂフォームに情報を入力し、マイナンバーカードで電子署名を施す方式である。この「電子署名用電子証明書」のシリアル番号を、証明書の発行主体であるＪ-ＬＩＳのシステムを使って「利用者証明用電子証明書」のシリアル番号に変換し、申請者のＩＤとして自治体に通知しているのだ。

わざわざ電子署名用から利用者証明用にシリアル番号を変換したのは、多くの自治体が住民票のコンビニ発行などを実施しており、利用者証明用のシリアル番号から住民をひも付けるのは容易とみたからだ。二重申請をはじいたり、オンライン申請を受理した住民を郵送の対象から外したりする処理にも使える。

だが、こうした行政の思惑は半分当たり、半分外れた。

コンビニ発行などでシリアル番号を使い慣れた大規模な自治体は、職員がＥｘｃｅｌやＡｃｃｅｓｓを使い、シリアル番号を検索キーとして迅速に照合処理ができた。

一方、コンビニ発行を実施していない自治体や、コンビニ発行システムを住民情報と切り離して運用している自治体などは、Ｊ-ＬＩＳからシリアル番号の対応表を受け取ったり、コンビニ発行システムからデータを取り出したりして、住民情報とひも付けるなどの対処が必要だった。対処といっても数日～数週間あれば実行できるものだが、その間は目視など手作業での照合を強いられた。

照合システムをＥｘｃｅｌの手製でなくＩＴベンダーに発注し、結果として実装が遅れた自治体も多かったとみられる。Ｊ-ＬＩＳは２０２０年5月18日に、ＣＳＶファイル形式の申請受付データと住民情報データをシリアル番号で照合して給付金台帳データを出力するＷｉｎｄｏｗｓ用ソフトの配布を始めた。だが、その頃には郵送処理の準備を整えた自治体も多く、遅きに失したと言わざるを得ない。

そもそも、こうしたシリアル番号による照合という手法自体、マイナンバー制度の設計において予定された業務とは言えず、「盗人を見て縄をなう」式の運用という側面があった。

電子証明書のシリアル番号は発行から5年で変更される他、番号の正しさを確認するチェックデジットの仕組みもない。マイナンバーや住基コードのように本人を確実に識別できるキーとしての利用は想定していなかった。

ぴったりサービスを運用する行政機関も、慣れないシリアル番号の扱いでミスを犯した。オンライン申請を開始した5月1日当初、自治体に証明書のシリアル番号を送るつもりが、受託したITベンダーのプログラムミスで別のデータを上書きして送信してしまったのだ。同月3日に自治体からの指摘でデータの不整合に気づき、4日夜に修正した。この間、自治体はシリアル番号を使った突合ができなかった。「テストは実施したが、結果的には発見できなかった」と内閣府の担当者は語る。

リーマンや震災の教訓、生かされず

今回、オンライン申請で一部自治体に混乱が見られた根本的な要因は、「全国民向けの現金給付申請をオンラインで受け付ける」という業務について、法律面、運用面の双方で事前の想定を怠ったことだろう。

2020年4月20日に給付金が閣議決定してから、5月1日にぴったりサービスによるオンライン給付の受け付けを始めるまで、実質的な開発期間は2週間弱。5月8日には自治体向けQ&A集を公開し、「氏名の一致は同一性が確認できればよく、厳密な一致を求める必要はない」「世帯員の合計数が一致すれば氏名の一致を推定して事務を進めてよい」などと通知した。さらにぴったりサービスの仕様について自治体の要望を聞き取り、6月1日までに口座情報の入力補助など46件の改修を施した。

だが、現場の努力による不眠不休の突貫工事で実現できることには限界がある。リーマン・ショックや東日本大震災の経験を踏まえれば、「全住民を対象とした給付申請」について、事前に行政機関と自治体でデータ処理や業務フローを標準化することもできたはずだ。その中で、給付用口座の事前登録、児童手当向け口座の活用などのアイデアも出てきただろう。

現在のぴったりサービスは「紙での申請業務をそのまま電子化したシステム」にとどまっている。行政や自治体向け申請手続きの多くは「白紙の申請用紙に氏名・住所、申請内容を記載し、本人確認書類を添付して送る」方式であり、ぴったりサービスもこの申請方式を踏襲している。

Ｗｅｂフォームは基本的に紙の申請用紙の項目と同じで、氏名や住所なども手入力させる。入力結果は、ＣＳＶファイルのほか紙の申請書に近い様式のＰＤＦファイルとして自治体に届く。紙の申請と同じ業務フローで電子申請を処理できるようにするためだ。今回のオンライン申請でもＥｘｃｅｌなどを使わず、ＰＤＦを紙に印刷して手作業で住民情報と照合した自治体もあった。

ただ、こうした方式は民間のＩＴサービスの使い勝手とはかけ離れている。内閣官房、

J-LIS、自治体の連携不全のため、国民向けのサービスのユーザー体験が犠牲になった格好だ。

政府はデジタル庁の発足に合わせ、政府がJ-LISに対して強力にガバナンスを利かせるよう、法改正を含めて検討している。さらに自治体のシステムの仕様を2025年度までに標準準拠のシステムに移行するための新法の制定を目指している。自治体システムの標準化・共通化の行方については第6章で詳しく取り上げたい。

サービスの拡充が続くマイナンバーカードとマイナポータル

コロナ禍で失点が続いたマイナンバーカードと関連システムだが、国民IDの基盤としてマイナンバーカードやJPKIの普及が重要である点は変わりない。

菅義偉首相は2020年9月の就任時に、デジタル政府推進の施策として、デジタル庁の発足に加え、マイナンバーカードの普及を加速する考えを打ち出した。マイナンバーカードの普及率はこの時点で約2割にとどまっていた。

菅首相がマイナンバーカード普及を打ち出してからSNS（交流サイト）には懐疑的な見方や反対意見が広がった。いわく「個人情報が心配」「マイナンバーカードが普及しないのは用途がないから」「多額の税金を注ぎ込んでいる」「政府に対する信頼がない」……。

マイナンバーカードが浸透してこなかった理由は様々ありそうだ。しかし、中にはマイナンバー制度の仕組みを誤解した書き込みも目立つ。

マイナンバーカードやマイナポータルは今後、続々と機能が拡充される。政府は引き続き、マイナンバーカードやマイナポータルを行政だけでなく企業も含めた社会全体のデジタルインフラにしたい考えだ。今後マイナンバーカードやマイナポータルの用途がどう広がるか、改めて紹介しよう。多額の税金に見合うものかを判断するにも、今後拡大が予定される用途を知っておく必要がある。

2020年分の所得から年末調整が省力化

マイナポータルの機能拡張として特に注目されそうなのが、年末調整や確定申告の手続きで必要事項の入力が省力化できることだ。必要な書類の一括取得やデータの自動入力が可能になる。国税庁は2020年10月1日から年末調整控除申告書作成用ソフトウエア「年調ソフト」の無償提供を始めた。スマートフォン版も提供する。

これまでの年末調整は、企業の従業員が契約している保険会社からはがきで送られてくる生命保険料や地震保険料の控除証明書などを保管しておいて、勤務先に提出していた。勤務先の企業は、従業員が提出した控除証明書をチェックして書類として保管して税額を再計算している。

生命保険会社8社は2020年9月、保険契約者に生命保険料控除証明書（電子的控除証明書）を電子交付する「マイナポータル連携サービス」の提供を開始すると発表した。野村総合研究所が提供する民間送達サービス「e-私書箱」を利用する。保険会社は契約者が控除証明書を紛失した場合の再発行などに年間数百億円かけてきたとされ、コストの大幅削減が期待されている。

生命保険の契約者がマイナポータルの民間送達サービスを利用すれば、保険会社から送られる控除証明書データを一括取得できる。国税庁の年調ソフトにデータを読み込ませれば、申告書の作成が簡単になる。氏名や住所などを入力するだけで控除申告書に必要な項目を自動入力したり、控除額を自動計算したりできる。

勤務先企業も従業員が作成した年末調整申告書や控除証明書などのデータを受け取ると、給与システムなどに取り込んで税額を計算できる。

マイナンバーカードが健康保険証に

2021年3月以降、医療機関や薬局の窓口には「顔認証付きカードリーダー」が目に付くようになりそうだ。マイナンバーカードは2021年3月から健康保険証の代わりとして使えるようになる。マイナンバーカードを保険証として利用できる医療機関や薬局の受付窓口には、顔認証付きのカードリーダーが備え付けられる。

カードリーダーを設置する医療機関や薬局ではマイナンバーカードをかざすだけで健康保険証を持たなくても受診できる。窓口に健康保険証を渡す必要はなくなる。

医療機関などでは、従来通り健康保険証も使える。マイナンバーカードを持っていなかったり、忘れてしまったりしても、健康保険証があれば従来通り医療機関で診察を受けたり薬局で処方してもらったりすることは可能だ。

医療機関などの窓口が顔認証の機能がない汎用のＩＣカードリーダーを置いている場合は、マイナンバーカードをカードリーダーにかざすとともに窓口の職員に顔写真を見せるだけで済む。マイナンバーカードを手渡す必要はない。

マイナンバーカードが健康保険証の代わりになるといっても医療機関や薬局ではマイナンバーは一切扱わない。マイナンバーを見せる必要もない。医療機関や薬局の窓口はマイナンバーカードを預かることもしない。

顔認証付きカードリーダーを使えば、マイナンバーカードをかざして「顔認証」をするか「暗証番号を入力」するかを選べる。顔認証を選んだ場合はマイナンバーカードの券面情報にある顔写真データを読み取って、マイナンバーカードをかざした人の顔写真を撮影して照合する。撮影した顔写真はカードリーダーには残らない。認証が終われば瞬時にオンラインで保険の資格確認が終わる仕組みだ。

外部サービスからマイナポータルの情報が呼び出せる

マイナンバーカードを健康保険証として利用するための手続きは既に可能だ。マイナポータルから事前登録できる。マイナンバーカードを健康保険証として利用すると様々なメリットがある。最大のメリットは就職や転職、引っ越しなどのために健康保険証が変わっても、マイナンバーカードを保険証として利用できることだ。

例えば転職などで健康保険証を新しく切り替えるために、保険証が手元にない場合でも新しい健康保険証の発行を待たずに医療機関の受診などができる。さらに2021年3月からはマイナポータルで自分の特定健診（特定健康診査）の情報を確認できる。2021年10月からは薬剤や医療費の情報も確認できるようになる。

利用者が同意すれば、初めて受診する医療機関の医師らにこれまでの特定健診情報や服用してきた薬剤の情報を伝えられる。医療機関のシステムと連携ができるためだ。医師らに口頭で説明する手間がなくなると期待されている。

さらに、マイナポータルには利用者が外部のWebサービスやアプリケーションを使って自分の情報を呼び出せる機能がある。政府は一定の要件を満たした企業などが様々なサービスにマイナポータルの機能を利用できるようにＡＰＩ（アプリケーション・プログラミング・インターフェース）を公開している。

企業などがＡＰＩを利用すれば、利用者の同意の下にＷｅｂサービスやアプリからマイナポータルの「あなたの情報（自己情報表示）」を必要な範囲で呼び出して企業のサービスへの手続きなどに利用できる。利用者がマイナポータルにアクセスしなくても面倒な手続きがオンラインでいつでもどこからでも簡単にできる。マイナポータルの自己情報をＡＰＩで取得するアプリは既に登場している。

マイナポータルやマイナンバーカードの用途は広がっていく。自由で民主的な社会にふさわしいデジタルインフラになるかどうか、マイナンバー制度の仕組みをしっかり理解したうえで、様々な改善に向けた意見が出るのが望ましいだろう。

第6章

自治体システム、標準化への困難

２０２０年9月25日、千葉市や横浜市、京都市など全国20の政令指定都市でつくる指定都市市長会に衝撃が走った。同日に菅義偉首相が、自治体ごとに異なる行政システムを２０２５年度末までに統一・標準化するよう指示したのだ。

ちょうどその頃、指定都市市長会は政府によるデジタル庁発足の方針などを受けて「行政のデジタル化に関する指定都市市長会緊急提言」を取りまとめ中だった。市長会にとって「25年度末」という期限は寝耳に水だった。

指定都市市長会は２０２０年10月末、策定した提言を内閣府と総務省にそれぞれ提出した。行政デジタル化を進めるに当たって、国と自治体の議論の場を設ける要望が柱だ。

「25年度末までに統一」に懸念

もともと同提言は国と自治体で足並みをそろえてデジタル化による住民サービスの向上と行政効率化を推進するために策定中だったが、菅首相による「25年度末までに自治体システムを統一・標準化する」との方針を受けて、急きょ「標準準拠システムへの円滑な移行」の項目を追加。「移行期限について柔軟な対応を検討すること」などと手厚く書き込んだ。これまでも行政デジタル化に力を入れてきた千葉市の熊谷俊人市長が中心となり発案し、約1カ月間で取りまとめた。

指定都市市長会の提言でも、効率的なシステム整備に向けて標準準拠システムに移行する必要があるとしている。ただ、システム移行には標準準拠システムの開発に加えて、自治体内の他システムと連携するための開発作業も必要だ。全国の自治体が同じ期限までに一斉に進めると、自治体職員だけでなくベンダーのリソースを圧迫する上、開発人員の需給逼迫などで価格交渉が難しくなり費用がかさむ恐れがある。期限を区切ることで、こうした状況に陥ることを懸念した。

指定都市市長会は提言に、デジタル化による住民サービスの向上と行政効率化のそれぞれについて自治体自身が取り組むことと、関連する国への要望をそれぞれ書き込んだ。行政効率化については自治体システムの標準化などすでに国が推進しているものもあるが、例えば住民サービスの向上では、「書面・押印・対面義務の原則撤廃」「オンラインで手続きが完結する仕組みの構築」などを国に求めている。

提言を策定した背景の1つには、国が行政デジタル化を進める中で、組織としての自治体の意見を吸い上げる場を設けてほしいという現場の声がある。例えば2020年春に全国の自治体が忙殺された特別定額給付金の業務。国がトップダウンで枠組みを決め迅速な給付をと発破をかけたものの、具体的な作業や運用は自治体任せで、結果的に自治体の現場からは国への不満が残った。

千葉市の情報統括副管理者（CIO補佐監）を務める山田隆裕総務局次長は、総務省から千葉市に出向している。国と自治体の両方を経験してきた立場から、国は個別の自治体担当者にヒアリングする機会などはあるが、「自治体の組織としての意見を国と議論したり反映したりする場が少ない」と感じてきたという。

明らかでない「標準化」の中身

政府は2020年12月に閣議決定した「デジタル社会の実現に向けた改革の基本方針」の中で、自治体システムの標準化について方針を示した。現状では、標準化の粒度や中央省庁と自治体の役割分担など未決定の項目が多く、生煮えの感が否めない。

ただ、全国1700の自治体が個別に行政システムを運用するという現在の体制は、明らかに無駄が多いのも確かだ。このため小規模自治体はパッケージソフトの活用や「自治体クラウド」へのシステム集約を通じ、ITコストの削減を図っている。一方で大規模自治体、特に人口50万人超の政令指定都市の中には独自にシステムをつくり込んだ結果、運用費が高止まりして財政を圧迫しているケースも目立つ。自治体には新たに業務プロセス改革（BPR）やシステム刷新に挑めるだけの人的リソースも乏しい。

本章は人口約150万人を抱える京都市が手掛けたシステム刷新を例に、自治体システムが抱える本質的な問題をあぶり出す。

100億円をかけた京都市の基幹刷新が「中断」

足かけ6年、100億円近い費用を投じている京都市の基幹系システム刷新プロジェクトが2020年9月、「一部除き中断」となった。2017年1月の稼働予定を2度延期してもなお全面稼働の時期を示せないままの幕引きであり、事実上の失敗だ。京都市民は巨額の税金を投じたにもかかわらず行政サービスの向上を享受できていない。1度目の延期を巡っては委託事業者であるITベンダーのシステムズ（東京・品川）との民事調停も続いている。

「結果責任は市長である私の責任」

「本市（基幹系システム）オープン化事業につきましてはこのたびの国の方針のもとで、（2025年度末を目標とした自治体）システム標準化への対応のために一旦立ち止まり、改めて見定める必要があると判断いたしました。そのため一部を除き開発を中断することといたします」。2020年9月30日、京都市議会（京都市会）本会議において京都市の門川大作市長は森田守議員の質問に答える形でこう明言した。

答弁は続く。「今後の進むべき道について、あらゆる可能性を排除せず検討を重ねてまいりました。これまでに（延期の原因となっていた）一括処理（バッチ）システムの不具合がほぼ収束し、一部システムの稼働が見通せるまでには進捗しておりますが、今年度（2020年度）内の全面稼働は見通せない厳しい状況でございます」。

「このまま開発を継続するのも時間と経費が必要であり、また稼働し完成したとしてもすぐさま自治体システムの標準化に対応するため再度のシステム改変が必要となってまいります。（中略）総合的に勘案し、立ち止まるなら今しかないと決断したものであります」――。

続く2020年10月16日、門川市長は京都市会・決算特別委員会において津田大三議員の質問にこうも答えた。「結果についての責任は市長である私の責任でございます。専門性の高い業務でありまたコロナ禍など様々な要素がございました。だからこそ情報の共有や進捗管理をしっかりと行い、的確に判断しなければならなかった。猛省しております」。

今後については「標準化を前提とした事業の再構築、さらにはデジタル化による市民サービスの向上、行政の効率化を強力に推進することによって、私の責任を果たしてまいります」とした。

バッチ処理システムのマイグレーションに失敗

ここに至る経緯を簡単に振り返る。京都市がNEC製メインフレーム上で基幹系システムを稼働させ始めたのは約30年前に遡る。基幹系システムは約1500台の端末をぶら下げ、国民健康保険や介護保険といった福祉系のほか、徴税、住民基本台帳の管理など18業務を担っている。

京都市は2013年度に「大型汎用コンピュータオープン化事業実施計画」を策定した。2014年度はNECなど2社が現行システムを分析し、2015年度は仕様書を作成。2016年度にかけてプライベートクラウドを完成させつつ、地元企業など5社がオンライン処理システムのCOBOLプログラムをポルトガルのアウトシステムズ製のローコード開発プラットフォーム「Outsystems」を使って刷新した。並行して税と住民基本台帳のオンラインシステムも2017年度にOutsystemsで移行した。

問題はバッチ処理システムのマイグレーション（メインフレームからオープン系へのシステム移行）だった。京都市はOutsystemsでは性能が出ないとして、NECのCOBOLプログラムを英マイクロフォーカスのオープン系COBOLのプログラムに変換ツールで書き直す手法を選択。2016年1月15日に一般競争入札でシステムズが落札し、その額は予定価格の79%、11億3776万円だった。

京都市とシステムズは2017年1月からの順次刷新を目指してプロジェクトをスタートさせたが、テスト手法などについて見解が一致せず、移行作業が進まなかった。京都市は第三者の専門家による「京都市大型汎用コンピュータオープン化事業検討委員会」を立ち上げ、原因究明と今後の方策検討を託した。

検討委員会は２０１７年６月に調査報告書を市に提出したものの、システムズはその結果を受け入れなかった。結局、京都市は「遅延の根本的な原因に対する見解に大きな乖離《かいり》がある」として２０１７年10月11日に契約を解除。京都市とシステムズは損害賠償を求めて互いを提訴する事態となった。

発注者の役割を果たしていない

「基本的なところが間違っているとしか思えない」――元日本情報システム・ユーザー協会（ＪＵＡＳ）副会長の細川泰秀氏は当時のシステム刷新プロジェクトについて、過去の調達仕様書や第三者委員会の調査報告書を読み込んだ上でこう評価した。ユーザーとベンダーの両方の立場を経験し、ＪＵＡＳで調査に基づく指標作りに注力してきた細川氏は業界の「ご意見番」として知られる。

調査報告書（抜粋版）は遅延原因を次のように記述する。「京都市及び受託事業者の間には、当事者間の本プロジェクト全体についての品質管理・担保に関する考え方の相違があり、受託事業者の初期作業品質の低さに起因するテスト計画書の修正・レビューの繰り返しや、受託事業者の契約上の義務に対する意識の不十分さに基づく説明不足がこれらテストの遅延原因となった」――。京都市に分のある結論といえるだろう。

だが報告書を熟読した細川氏はこの結論に異を唱える。そのうえで、京都市が改善すべき6項目を指摘した。

細川氏が指摘する1点目は「既存システムから新システムへの移行は簡単であると考えている点」だ。細川氏は前回の入札が技術点を配慮しない低価格方式を選んだ点にこの考え方が表れていて、低価格方式が後々のトラブルを招いたのではないかと指摘する。

京都市の基幹系システムは30年に渡って改修を繰り返したため、「運用はともかく、プログラムやデータに関する全体像を熟知する関係者はまずいないだろうし、仕様書が最新のシステムをきちんと反映しているとも思えない」（細川氏）。そうした中、「現行機能のままの移行だから簡単なはず、との認識が低価格方式につながったのではないか」とする。「仕様書のない現行保証ほど難しいものはない」。

2点目は「委託作業の準備状況の詳細が不明確な点」だ。調達仕様書の記載内容から読み取れる京都市の事前作業の状況はあいまいで、それもトラブルにつながったと推測しているという。「調達仕様書には移行対象の機能やファイルが列記してあるが、どの機能とどのファイルが関係するのかやそれぞれの機能の重要さは一切分からない。正確に見積もれというほうが難しい」（細川氏）。

3点目は「発注者しかできない作業を受託者に依存しようとしている点」だ。調達仕様書には「現行システムについて、ファイルレイアウトおよびデータレイアウト、外字利用の有無、不備データの多寡などの調査を実施したうえで、設計作業の各種設計内容に合わせた詳細化・最新化を行い、移行要件を移行要件定義書に取りまとめ、確定すること」とある。要は現行システムの調査は受託事業者の作業内容であるとしているのだ。加えて、マイグレーションにおけるテストデータ作成やデータ移行作業も受託事業者の作業内容としている。

細川氏はこの点を大いに怒る。「データ移行は発注者の責任でなされるべきだ。これ無くして情報漏洩などは防げない。テストデータ作成も当然発注者の責任でなされるべきもの。現行業務を知らない人にテストデータは作れないし、セキュリティー上も問題がある」。30年にわたる歴史を紐解く現行システムの分析については、「発注後に受託企業にやらせるには期間が短すぎる。次回の調達をかける前に京都市自身が調査しておくべき。現行システムに関する情報を事前に準備しておくのは発注者の責任だ」と訴える。

4点目は「推進体制における責任者の権限が曖昧な点」だ。今回は自治体向けPMO（プロジェクト・マネジメント・オフィス）に強みを持つピースミール・テクノロジー（東京・中央）が工程管理支援事業者として参画している。調査報告書では京都市が工程管理支援事業者に権限を与えていないことが明らかになっている。これを踏まえて細川氏は「権限のない工程管理支援事業者の存在に意味はない」と斬る。

細川氏は「現行システムを運用する部隊の責任者がリーダーになり、プロジェクトを推進すべき。さらにその支援者にはコンバージョン作業の経験豊富な人をアサインすべき」と持論を話す。そのうえで「京都市のメンバーの意識は高かったと推測するが、実際に責任を持たせる人の人選を間違えていたのではないか」とする。

二度目のマイグレーションも遅延相次ぐ

宙に浮いたバッチ処理システムのマイグレーションをそのままにしてはおけない。京都市は稼働開始を3年延期して2020年1月に設定したうえで、今度は総合評価方式で公募。2018年3月27日にキヤノンITソリューションズ（東京・港、以下キヤノンITS）が15億2990万円で落札した。

だがキヤノンITSのマイグレーションも予定通り進まなかった。バッチ処理システムのうち先に稼働する新福祉系システムのバッチ処理システムについて、稼働直前の2019年12月23日に京都市の総合企画局が京都市会で2020年1月から延期を報告したものの、再稼働の日程を明らかにできなかった。

そして2020年。2月の一般会計補正予算では稼働延期により総事業費は約99億2000万円まで膨らむ見込みであることが明らかになった。京都市はここに至っても稼働日を明示できなかった。

2020年9月に菅義偉政権が誕生し、行政DX(デジタル変革)を掲げた。9月25日には政府の作業チームに自治体システムの統一・標準化を指示した。これに応える形で、冒頭の通り、9月30日に門川市長が「中断」を宣言した。

開発済みで稼働していないオンラインシステムや完成間近ともされるバッチシステムを今後どうするのか。門川市長は2020年10月の市会で次のように答弁している。「既に完成し稼働しているシステムもございます。さらに今年度(2020年度)中には一部のシステムを稼働させる予定でございます。このほか国における標準化の対象外となった業務などでは将来的に活用できるものもあると想定しております」。

京都市が2020年12月に公開した資料によると、基幹系システムに投じた費用は新システム開発経費95億2000万円の他、刷新中に発生した制度改正などに対応する改修経費、調査費なども合わせ、2012年度~2020年度の累計で116億7000万円にのぼる。このうち、2016年度に稼働した共通基盤システムの費用などを除く99億9000万円が最大の損失額とした。

同資料では、2度目の刷新も失敗した理由の1つとして「マイグレーション方式に変更することによって生じる課題とそれを克服するための対策の検証が十分でなかった」としている。

マイグレーション方式は現行システムの複雑性が新システムにも引き継がれる。さらに、法改正や制度改正に伴う改修への対応には幅広い業務知見が必要となるが、こうした改修全てに対応できる事業者の確保が極めて困難で、全面的な稼働に踏み切れない一因になったという。

6年の月日と100億円近くを拠出し、多くの職員が情熱を傾けながらもシステム稼働に至らなかった京都市のシステム刷新。「2025年度の標準化」という政府の方針についても、こうした失敗の教訓を踏まえ、多くの自治体の意見を取り込みながら不断の見直しを図る必要があるだろう。

「統一・標準化」から「標準化・共通化」へ

政府が2020年12月に閣議決定した自治体システムの基本方針は、菅義偉首相が2020年9月に示した「統一・標準化」という表現を「標準化・共通化」とややトーンダウンさせた。「統一」という言葉には全国の自治体が単一のシステムを共同利用する印象があるが、「共通化」であれば標準仕様に準拠した複数ベンダーのシステムが並立するイメージになる。

標準化・共通化の対象になるのは、住民基本台帳や各種地方税、各種保険、児童手当、就学など、法律に基づき自治体が実施する17の事務である。政府はこの17分野に関わるシステムについて、標準仕様への準拠を義務付ける方針だ。2025年度までに標準仕様に適合した情報システムへの移行を目指し、標準化・共通化を推進する新法を2021年通常国会に提出する。

標準仕様の策定に当たっては、「利用者の利便性向上」と「行政運営の簡素化・効率化」に立ち返った業務プロセス改革（BPR）を徹底する。BPRを通じ、システムのみならず業務プロセスの標準化も進める。

ITインフラは民間のクラウドサービスを想定し、国主導で調達を共同化する。標準準拠システムへの移行が完了する2026年度までに、自治体システムの運用費を2018年度比で少なくとも3割減らす目標を掲げた。

実際、既に総務省などの担当省庁や内閣官房IT総合戦略室などは2020年、自治体システムの標準化や業務プロセスの可視化を先行して進めている。各ITベンダーが提供するパッケージシステムの共通部分をくりだして標準機能と定めるほか、標準の業務プロセスをBPMN形式で記述する。まず人口20万人超の中核市を想定して標準仕様を定め、大規模・小規模自治体にも展開する考えだ。

「業務・システム最適化計画」失敗の轍を踏むな

ただし、BPRとシステム移行は、いずれも並大抵の作業ではない。それは特許庁や年金、府省共通システムの失敗例からも明らかだ。

「5年以内に移行」という期限に縛られて拙速に業務プロセス標準を策定し、それが現場の実情と乖離《かいり》していれば、現場の業務は大混乱に陥る。自治体がシステムを標準仕様に準拠させるに当たっては、標準プロセスに適合した組織構造の変更や、標準プロセスを熟知したデジタル庁や総務省などの職員による移行サポートなども必要になりそうだ。

今回のBPRが「利用者の利便性向上」を重視するとすれば、国と自治体との役割分担の見直しを含め、デジタル時代に見合った改革が求められる。

例えばメガバンクはこれまで全国に支店を配置し、帳票処理などの事務作業をこなしていた。それが近年は金融DXの一環として支店の作業の一部を事務センターに集約したほか、金融サービスの多くを単一のスマートフォンアプリから利用できるようにした。この結果、支店は投資コンサルティングなど実店舗を生かした顧客サービスの提供へと役割をシフトしている。国と自治体の役割分担も、技術の進展に合わせて柔軟に見直す必要があるだろう。

実際にBPRを進めると、現行法が壁となって業務を変えられない場面に出くわすこともある。現行法の多くは紙ベースや対面窓口ベースの業務プロセスを前提としていることが多いためだ。

現行法をベースにシステムを構築した結果、単に紙がデジタルに置き換わっただけで、効率が悪く、使い勝手も高まらないケースは多い。紙や電話、ファクスを排除できず、ITから紙、紙からITと行き来して効率が上がらない。

この点ではデジタル庁には法令立案の強力なリソースが不可欠であり、立法技術にたけた官僚を参画させる必要があるだろう。

日本と韓国の自治体システムに詳しいイーコーポレーションドットジェーピーの廉宗淳社長は「政府はまず、システムの標準化・共通化の方針について、自治体からの信用を積み重ねる必要がある」と語る。

第2章で述べたように、韓国では政府・自治体が共同で資金を拠出する韓国地域情報開発院（KLID）が自治体向け共通の業務ソフトウエアを開発し、自治体に無償で配布している。こうした仕組みが成り立つ根本的な理由として、廉社長は「自治体がKLIDのこれまでの取り組みやソフトウエアの品質を評価し、信頼している点がある」とする。

一方の日本では多くの自治体が、上から方針を押しつける国のやり方に根深い不信感を持っている。「日本の自治体が抱えている課題は、50万人超の政令市から5万人以下の小規模自治体まで、規模ごとに大きく異なる。まずは小規模自治体向けにパッケージシステムを政府が自ら作成し、自治体の業務プロセスについて知見を深め、信用を積み重ねてはどうか」と廉社長は提案する。

旧システムからのデータ移行やシステム移行の難度の高さについても目配りが必要だ。特に大規模自治体は数十年前にメインフレーム上に構築したシステムを今も使い続けているケースが多い。既存システムから新システムへの移行に挑めるだけのノウハウや人員を備えているケースはまれだ。

「2025年度末までにシステムを移行させる」という菅首相の方針は、こうした難度の高さを考慮したものには見えない。改革を唱えつつ、そのための「武器」を用意しなければ、かつての特許庁システムや年金システムの刷新と同じ轍《てつ》を踏む恐れがある。

第7章

デジタル庁発足へ、変わる省庁と自治体

政府は2020年12月21日、菅義偉首相を議長とする「デジタル・ガバメント関係閣僚会議」を開き、国の情報システムを統括するデジタル庁の基本方針を決定した。内閣直属の組織として、2021年9月1日に500人規模で発足させる。各省庁からの定員振り替えや行政職員の新規採用のほか、民間からの非常勤など様々な雇用形態で採用する。政府は2021年1月に開く通常国会でデジタル庁設置を含む複数のデジタル改革関連法案を提出する予定だ。

本章はこれらの基本方針やデジタル関連予算の中身から、デジタル庁やマイナンバー制度、自治体による行政DX（デジタル変革）の将来を読み解いていきたい。

デジタル庁創設、その中身は

新設する「デジタル庁」（仮称）には、中央官庁が調達・運用するシステムについて各省庁に方針を勧告するなど強力な総合調整機能を持たせるほか、重要なシステムを自ら整備する役割を担わせる。特に住民情報や戸籍、土地、法人など国を形作るうえで基礎的な情報（ベースレジストリ）を扱う行政システムの構築で主導的な役割を担う。

関係者によると、厚生労働省が担当する年金や労働行政、法務省が担当する戸籍や登記などのシステムが、早期にデジタル庁が参画すべき対象として挙がっているという。住民情報と結びつきが深いマイナンバー制度も全般の企画立案をデジタル庁に集約する。

15カ月で1・7兆円をデジタル関連に投資

政府はデジタル庁発足の基本方針と合わせ、官民にまたがったデジタル改革に厚く配分した予算案を2020年12月に閣議決定した。2020年度第3次補正予算と2021年度当初予算を一体編成した「15カ月予算」となった。

デジタル関連の主な項目を集計したところ、15カ月予算での総額は1兆6920億円あまりとなった。1000億円以上を確保した予算項目としては、行政サービスのオンライン化推進といった行政システムのIT化や、デジタル改革に取り組む地方自治体や中小企業への支援などへの配分が目立った。

このうち内閣官房の分として2020年度第3次補正予算案で約94億円、2021年度当初予算案で約2700億円を計上したほか、デジタル庁の分として約290億円を確保した。

これにより、内閣官房とデジタル庁が一括計上したシステム投資額は合計で約3000億円と、2020年度の約700億円弱からおよそ3倍に増えた。一括計上分の約3000億円は約8000億円とされる政府の情報システム予算の4割弱を占める計算だ。今後、一括

表　2020年度第3次補正予算案と2021年度予算案の主なIT関連政策

出所：各府省の公表資料を基に日経クロステック作成。単位は億円で100万円の位で四捨五入した

担当省庁	予算項目	2020年度第3次補正予算案	2021年度当初予算案
内閣官房	情報システム関連費の一括計上（内閣官房分）	94.1	2699.4
	情報システム関連費の一括計上（デジタル庁分）		286.8
	システム関連費を除くデジタル庁向け予算		81.3
	政府クラウドなどの検討、実証	41.8	—
	サイバーセキュリティー対策	20.2	16.7
内閣府	マイナンバー制度の推進・広報	2.7	2.4
	地方創生テレワーク交付金、推進事業	101	1.2
	スーパーシティ構想の推進	7	3
	準天頂衛星システムの開発・機能強化・運用	117.3	170.7
総務省	マイナンバーカードの普及促進	1032.1	1075.8
	マイナポイント事業	264.7	250
	マイナンバーカード機能のスマートフォン搭載	39.6	—
	自治体システム標準化などの支援基金	1789.9	—
	総務省行政システムなどのオンライン化	—	104.9
	6G、AIなど先端技術への開発投資	630.5	625.3
	5G、ローカル5G、光ファイバーの整備推進	—	219.5
	セキュリティー関連事業	85.2	63.4
	新しい働き方・暮らし方の定着、デジタル格差対策の推進		38.3

経済産業省	ポスト5G関連の利活用・半導体研究開発	900	12
	中小企業向け生産性革命補助金（IT導入補助金を含む）	2300	82
	学びと社会の連携促進事業	29	13
	ICTを使ったコンテンツ配信・海外展開支援事業	456	10
	量子、ロボット、自動走行などの研究開発	—	368
文部科学省	GIGAスクール構想の関連事業	216	14
	オンライン学習システム（CBT）関連事業	23	8
	「スマート専門高校」の実現	274	—
	デジタルを活用した大学・高専教育の高度化	60	—
	大学間学術情報ネットワーク（SINET）の強化	39	—
	スーパーコンピューター富岳の整備	325.9	—
	先進研究施設の整備、共用（富岳を含む）	—	432
	AI、IoT、ビッグデータなどの統合プロジェクト	—	100
	光・量子研究プロジェクト（Q-LEAP）	19	35
厚生労働省	医療機関等情報支援システム（G-MIS）強化	29	29
	感染症対策関係システム（HER-SYSなど）	131	18
	データヘルス改革	90	196
法務省	戸籍・登記簿システムなどのオンライン化推進	28.9	87.8
	法務・裁判関連のテレワーク強化	40.3	8.6
防衛省	サイバー防衛関連事業	—	301
農林水産省	農林水産省共通申請サービスの構築	82	39
国土交通省	インフラ・物流などのDX推進	157	84

計上の範囲を順次広げる。これまで各省庁がバラバラに計上していたIT予算を一括計上して予算配分に柔軟性を持たせる試みは2020年度に始まっていたが、担当する内閣官房は明確な権限を持たず、役割は実質的に助言にとどまっていた。

これらの予算枠では内閣官房やデジタル庁が各省庁のIT調達に参画し、共同プロジェクトの形を取る。政府はデジタル庁に対して、各省庁への強力な調整権限に加えて予算権限を持たせることで、システムの全体最適化や行政サービスの質向上を推し進める狙いだ。

特にデジタル庁が主導権を発揮しようとしているのが、省庁をまたいだデータ連携や標準化、クラウド導入を前提にしたシステム最適化、オンライン申請を前提にした業務プロセスの改善である。この一括計上で、デジタル庁は2021年度から数十のプロジェクトに携わる。代表例が、国税庁の基幹系システム「国税総合管理（KSK）システム」の刷新プロジェクトや、経済産業省からデジタル庁に移管される行政オンライン申請システム「Jグランツ」だ。

デジタル庁は新たな政府クラウドの調達も進める。政府は2020年12月25日に閣議決定したデジタル庁の基本方針において、中央官庁の行政システムを動作させるクラウド基盤として、デジタル庁が「Gov-Cloud（仮称）」を整備する構想を掲げた。Gov-Cloudは自治体の新しい標準システムに対しても開放し、国と自治体が共用するクラウド基盤へと育てる構想だ。

内閣官房の幹部は「Ｇｏｖ-Ｃｌｏｕｄはデジタル庁が最初期に手掛ける大型案件の１つ」と意気込むが、まだ構想段階にある。インフラだけの提供になるか、地方自治体にはどのような機能を提供するかなど、詳細はこれから詰める。２０２０年度と２０２１年度は15カ月予算で内閣官房が計上したシステム設計費41・８億円の半分ほどを使い、設計や実証実験を始める計画である。

政府ＣＩＯ、ＣＩＯ補佐官は廃止へ

デジタル庁の発足に伴い、民間ＩＴ人材の登用戦略も全面的に再編する。民間から登用してきた政府ＣＩＯ（内閣情報通信政策監）と政府ＣＩＯ補佐官はともに廃止する方針だ。新たにデジタル庁で任命・採用する民間人材を質量ともに充実させることで、これらの役割に代える。

権限を強化したデジタル庁発足に制度を合わせる狙いだが、背景にはこれまでのＩＴ人材活用への反省がある。例えば、現在の政府ＣＩＯ補佐官は１人が数多くの案件に参画して様々なスキルを要求されるなど、専門性を十分に発揮しにくかった。適切な支援ができず、政府のデジタル化が不十分だった一因と分析された。

政府はデジタル庁の発足に向け、専門性を重視して民間人材を採用しようとしている。

各分野の専門人材や官僚を交えたチームで各省庁のシステム改革に取り組む方向だ。フルタイム勤務に換算して年間1000万円を超える報酬を支払える制度も準備している。民間人材の専門性やスキルを発揮しやすい職務を用意できるかがデジタル改革の成否に関わる大きな要素となりそうだ。

政府CIO後継の「デジタル監」、権限を強化へ

政府CIOの廃止などは2021年1～2月に閣議決定するデジタル改革関連法案に盛り込み、通常国会に提出する見通しだ。デジタル庁では新設のポスト「デジタル監」（仮称）を政府CIOの後継ポストとして設けて、民間人を任命する。

2013年に設置された政府CIOは、政府が民間登用したIT人材の実質的なトップで、これまで民間企業のCIO（最高情報責任者）経験者を任命してきた。政府システム整備の最高責任者として、電子行政の戦略策定、政府全体のIT投資の管理、各省庁の取り組みの評価といった職務や権限を持つ。しかし各省庁に命令や是正を勧告するなどの強い権限は持たない。制度発足から8年近くが経過したが、この間の実際の役割は各省庁への緩やかな監督や助言にとどまり、様々な電子行政の目標が先送りになるなど強力なデジタル改革を進められなかった。

デジタル庁は各府省が持っていたＩＴ予算を一括計上し、問題があるプロジェクトに是正を勧告するなどより強い権限を持つ。新設する「デジタル監」の役割や権限は調整中だが、デジタル庁が持つ権限を背景に政府全体や各省庁のプロジェクトを監督する司令塔となる。

補佐官後継のＩＴ人材、専門性重視で脱「何でも屋」

政府ＣＩＯ補佐官もデジタル庁を機に廃止し、デジタル庁で新規採用する民間ＩＴ人材が代わりを担う方向だ。以前は各府省が民間採用していたＣＩＯ補佐官は、政府ＣＩＯ導入と同じ２０１３年に内閣官房の下で一括採用するプール制を導入した。人材を各省庁に柔軟に割り当てるなど強化を図ってきたが、役割を終える。

現在の政府ＣＩＯ補佐官は約50人で、各省庁の様々な行政デジタル化案件を支援してきた。しかし政府ＩＴ予算の４割近くを執行する厚生労働省を主に担当する補佐官が数人にとどまるなど、人材配置は必ずしも適切ではなかった。

関係者によると、１人が数多くの案件に関わり、仕様書のレビューや設計支援、ベンダー選定や企画段階での助言などあまりに様々な役割を求められるケースもあったといい、関与が浅くなったり専門性やスキルとのミスマッチが生じたりしていた。政府関係者からは

「現任の政府CIO補佐官の間で能力やスキルのばらつきが大きく、求める役割に不十分な人もいた」との指摘もある。

現任の政府CIO補佐官約50人に対して、デジタル庁は100人超の民間IT人材を採用することで陣容を拡充する。求める専門分野を明示して採用していることが特徴だ。2021年1月4日〜22日に実施している30人の募集では、行政システムの基盤となるクラウド技術者、住民情報や登記など国の根幹をなすベースレジストリ設計に関わるデータベース技術者、新システムの企画構想や使いやすいデジタルサービスに関わるプロジェクトマネジャーやITストラテジスト、ネットワークエンジニアなど、いずれも職種を分けて募集している。各府省へのプロジェクト参画も、これらの専門性を生かせる形でチームを編成する方向だという。

現任のCIO補佐官がデジタル庁での仕事を希望する場合は、デジタル庁の新規募集の一環として改めて選考するという。現在のCIO補佐官と同様に、兼業や週3日未満の勤務などを認めるほか、リモートワークも明示的に認める。ハイスキル人材には、官僚ならば審議官クラス相当の賃金テーブルを適用するなどして、フルタイム勤務換算で1000万円を超える報酬が可能な制度も準備している。とはいえ、「求められるスキルに対し、民間と比べて特に待遇が良いわけではないことは承知している」(内閣官房)。

成功の鍵は「人材」にあり

デジタル庁の成否を左右するのは、一にも二にも優れた人材の確保である。これまで各章でみてきた失敗事例を基に、デジタル庁に求められる人材戦略について、ここで意見を述べておきたい。

デジタル庁には「デジタル大臣」（仮称）や「デジタル監」（仮称）、それにCTO（最高技術責任者）やCDO（最高データ責任者）などを置くという。いずれの役職についても、最も重要な役割は優れた民間デジタル人材の採用だろう。それぞれの役職には、一線級の人材が「この人の下でなら、私の力を最大限に発揮できるはずだ」と思える人物を充てる必要がある。

優秀なIT技術者を引きつけるため、その時々の先進的な開発環境を用意する必要がある。具体的には「コンテナ管理」「CD／CI（継続的インテグレーション／継続的デリバリー）」「アプリケーション基盤」などについて、民間の先端ITサービスで実績がある環境を選定し、行政サービスを俊敏に内製できるようにする。仮想サーバーなどのITインフラについては国内・海外勢を問わず安価で安定性の高いクラウドサービスを選び、適宜乗り換えていけばいいだろう。

デジタル庁を含めてITシステムを担う官僚については、2年単位で異動する慣行はなくすべきだ。

首相肝煎りの政策を担う組織が発足する際、各省庁はエース級の官僚を出向させる傾向がある。だが官邸の関心が薄れた2年後、優秀な官僚が一斉に元の省庁に戻る一方、後任には知見が引き継がれず、組織がスカスカになるケースが散見される。デジタル庁の立ち上げにあたっては、少なくとも5年は担当部署を変えない前提で、デジタルで日本をつくり変える気概と覚悟を持つ官僚を登用してはどうだろうか。

法改正でマイナンバー制度はどう変わる

政府は15カ月予算で、総務省が担当するマイナンバーカードの交付関連事業にも資金を手厚く配分した。2100億円強を確保し、4000万枚分を新規発行する費用に充てる。マイナポイント事業は2021年9月末まで延期する方針が固まり、ポイント付与分としては今回の15カ月予算で500億円を新たに確保した。1000万人分のポイント原資に相当し、対象人数は2020年度予算時点での4000万人から5000万人に増える。2022年度末にはほぼ全国民にマイナンバーカードが行き渡ることを目指す。

カードの交付関連事業には、自治体が街頭や商業施設で実施するカード申請の受け付けのほか、新たに国と自治体が共同で取り組む普及促進事業も含まれる。マイナンバーカードの普及率は2020年12月で23・1％と、「10万円給付金」などで認知が広がった2020年春以降は上昇傾向にある。これらの施策をフル動員して2021年度はカード発行ペースを高い水準で維持する構えだ。

預貯金口座へマイナンバー付番、教育にもカード利用

政府はマイナンバー制度の普及へ、予算措置と並行して新たな法改正にも踏み込む。デジタル・ガバメント閣僚会議のワーキンググループが2020年12月に公表した報告書で、教育分野でのマイナンバーカード利用や預貯金口座へのマイナンバーの付番といった法制度の改正案を盛り込んだ。

日本経済新聞は2020年12月、政府が小中学生の学習履歴や成績をマイナンバーにひも付けてオンラインで管理する仕組みをつくると報じた。報道に対してSNS（交流サイト）では「学習履歴が生涯管理されるのか」といった批判が相次いだ。

批判を受け、文部科学省は「よくあるご質問（FAQ）」というWebページで「マイナンバーそれ自体と教育データを紐《ひも》付けようとするものではありません」とすぐに否定した。文科省によると、利用を検討しているのはマイナンバー自体ではない。そもそも行政機関がマイナンバーを利用できる用途は法律で限定されている。マイナンバーカードの内

蔵ＩＣチップに搭載した公的個人認証サービス（ＪＰＫＩ）を使うものだ。

利用者がマイナンバーカードのＪＰＫＩを使えばオンラインでデータにアクセスする際にＩＤやパスワードの組み合わせよりも安全に認証できる。文科省は「転学・進学時などの、教育に関する情報の引き継ぎなどにマイナンバーカードを活用することも方策の１つ」として検討段階だと説明している。

オンラインでデータにアクセスする児童や生徒らが間違いなく本人であると認証する目的でマイナンバーカードを利用するだけならば、本人しかデータを見られない。第三者がデータにアクセスして利用するには、本人がどのデータを第三者に提供するか判断する別の仕組みが必要になる。

教育分野でマイナンバー制度の活用を盛り込んだのは、デジタル・ガバメント閣僚会議にある「マイナンバー制度及び国と地方のデジタル基盤抜本改善ワーキンググループ」である。２０２０年12月に公表した「マイナンバー制度及び国と地方のデジタル基盤の抜本的な改善に向けて（案）」という報告書は、ＩＴを活用する「ＧＩＧＡスクール構想」の学習者ＩＤ（識別子）にマイナンバーカードをひも付ける方策を検討するとした。

報告書は転校時などの教育データの持ち運びができる方策として「２０２２年度までに検討し、２０２３年度以降希望する家庭・学校における活用」をするとしている。また、児童や生徒の健康診断データをデジタル化して、２０２２年度中に本人がマイナポータルで閲覧できる仕組みも盛り込んでいる。

政府がマイナンバーやマイナンバーカードを活用する制度を新たにつくる場合、誰がどんな目的や条件でどの個人のデータを扱えるようにするのか、分かりやすく説明する必要がある。検討段階であっても説明が不十分であれば誤解や不信感を招きやすいという事実が浮き彫りになった。

口座付番で給付受け取りや相続に利用

デジタル・ガバメント閣僚会議の報告書はマイナンバー制度を活用する範囲の拡大を列挙している。その1つが預貯金口座にマイナンバーをひも付けて、公金受取口座のほか、相続などの際に複数口座の管理に利用するものだ。政府は2021年2月にも通常国会に新たな法案を提出する。

預貯金口座へのマイナンバーの付番は2つの制度が検討されている。1つは希望する預貯金者が、任意でマイナポータルや金融機関の窓口で口座にマイナンバーをひも付けて登録して様々な給付金を受け取れる「公金受取口座」である。住民が自治体や年金、国税庁などに届け出ている口座をマイナポータルで登録できる。与党が2020年6月に議員立法で提案した制度に代わる内容だ。

2021年9月に発足するデジタル庁が、公金受取口座をマイナポータルで管理する。従来のマイナポータルは住民がマイナンバーにひも付いた個人データを呼び出して確認できる入り口にすぎなかった。公金受取口座の制度によってマイナポータルはデータを保管する機能を初めて持つことになる。

もう1つの制度は、相続や災害の際に預貯金者の口座が分からなかったり通帳を紛失したりしても口座の所在を確認できる制度だ。政府は金融機関の顧客が口座を開設する際に、金融機関が預貯金者に対してマイナンバーの提供を求める義務を規定する。金融機関は口座名義人のデータベースに付番する。ただし預貯金者が金融機関にマイナンバーを伝えるかどうかは引き続き任意である。

そのうえで預金保険機構が一度に複数の金融機関の口座に付番できるようにする。子どもが親の資産を相続する際に、親が死亡前に付番した口座について預金保険機構がマイナンバーを使って探索できる仕組みをつくる。相続人の子が希望すれば相続に必要な親の金融機関の口座を全て把握できる。

公金受取口座への付番については自治体関係者の一部から必要なのか疑問の声が上がっていた。自治体も一部住民の口座を管理しており、住民がオンライン申請でマイナンバーカードの公的個人認証サービス（ＪＰＫＩ）を使えば電子証明書のシリアル番号で個人を特定して給付ができるからだ。

政府関係者は「議員立法は2020年5月の10万円給付の特別定額給付金のように、自治体任せにしたくない議員による提案だ」と背景を説明する。つまり今後は政府が主体となって様々な給付をする目的があるという。

さらに報告書は、政府がこれまでマイナンバー制度の利用分野として社会保障や税、災害の3分野に限定してきたマイナンバーの用途を2021年度に再検討するとしている。検討対象として、国勢調査などの調査統計事務や、海外在留邦人の在留支援事務を含める。異なる行政組織が利用している機関別符号を活用した情報連携も検討するという。

政府はマイナンバーカードの仕様も変更する。マイナンバーカードの電子証明書とは別に新たな電子証明書をスマートフォンに搭載できる仕組みのほか、本人の同意に基づいて転居後の住所などをオンラインで提供できる仕組みも構築する。いずれも2021年の通常国会に必要な改正法案を提出し、2021年度末までに技術検証・システム設計、政省令の整備をして2022年度中の実現を目指す。

2024年から海外在住者もマイナンバーカードを利用できることに合わせて、政府が発行したカードであると券面に表記したり、西暦や氏名のローマ字表記もしたりする方針だ。公証された氏名の読み仮名（カナ氏名）をローマ字表記するため、戸籍に読み仮名の記載を法制化するという。

マイナポータルは個人や行政機関、企業をつなぐ「情報ハブ」として、さらに活用する。

既に始まっている納税での年末調整・確定申告の省力化に加えて、「ふるさと納税」の寄付金控除を申請する確定申告の手続きで仲介事業者が2021年以降にマイナポータルと連携して、寄付者が控除証明書データを自動入力できるようにする。

政府は既存のマイナンバー制度の仕組みの上に様々な機能を拡充する方針だ。追加された機能が住民に浸透して広く使われるようにするには、さらに分かりやすい説明が欠かせない。

行政DXへ動き出した自治体

政府が閣議決定した15カ月予算では、デジタル改革に取り組む自治体への支援も手厚くする。自治体向けでは、システム標準化などに取り組む自治体に対し、投資費用の一部もしくは全部を補助する基金を総務省が立ち上げる。総額1790億円で、対象は基幹系システム標準化のほか、セキュリティー対策やマイナポータルとのシステム連携などだ。

政府は2025年度を期限に行政システムの標準化を自治体に求める法案を準備している。今回の基金で自治体システムの移行着手を促したい考えだ。

自治体の基幹業務についてシステムの標準化が進めば、自治体のITコストを抑制でき、ひいては地域の課題に根ざした独自の行政サービスに予算や人手を割くことができる。

実際、自治体行政のデジタル化を後押しする動きが既に始まっている。自治体による行政DXを体現した最新の事例を紹介しよう。

自治体職員の1%「コンピューターマニア」を生かす

自治体の行政DXを推進するため、自治体職員の中にいるデジタル人材の能力を引き出す試みが2021年春にもスタートする。

情報処理推進機構（IPA）のサイバー技術研究室は、複数の自治体職員が行政サービスを共同開発したり情報を共有したりする環境をLGWAN（総合行政ネットワーク）上のASPサービスとして提供する計画を進めている。自治体職員の中にいるデジタル人材が自由にサービスを開発したり活用したりするのを後押しする。

LGWANとはセキュリティーに配慮した自治体向けの閉域網で、地方公共団体情報システム機構（J-LIS）が管理している。国と自治体をつなぐほか、自治体職員の業務システムでも使われている。今回IPAが提供予定のサービスはあたかもソースコード共有プラットフォーム「GitHub」のように、自治体職員がつくったプログラムをLGWAN接続下で共有できるリポジトリーである。職員が作成したWebアプリケーションを動作させるクラウド型Webサーバーも試作する。

開発を進めるのは「天才プログラマー」でもあるＩＰＡの登大遊産業サイバーセキュリティセンターサイバー技術研究室室長。登室長は、自治体職員がＬＧＷＡＮを使ったテレワークをするためのシンクライアント型ＶＰＮ（仮想私設網）ソフト「自治体テレワークシステム　ｆｏｒ　ＬＧＷＡＮ」やそのベースとなる「シン・テレワークシステム」の開発を主導したことでも知られる。

登室長は自治体テレワークシステム　ｆｏｒ　ＬＧＷＡＮの開発を進めるなかで「自治体職員の１００人に１人くらいは（自身でサービスを開発したりサーバーを立てたりできる）『コンピューターマニア』がいる」と気付いた。ところが、自治体職員が日常業務で使うＬＧＷＡＮは、自作したプログラムを他の自治体職員と気軽に共有する仕組みをつくったり、他の自治体と共用するサーバーを設置したりできない。そこで、ＩＰＡがリポジトリーやクラウド型Ｗｅｂサーバーの提供元となる構想を立てたという。

ＬＧＷＡＮ接続系でサービス開発促す

第４章で触れたように、自治体が外部接続するネットワークはセキュリティー上３グループに分かれる。まずＬＧＷＡＮにつながるのが２つで、マイナンバーを使う事務処理端末のグループである「マイナンバー利用事務系」と、主にメール送受信やグループウエアの利用といった通常業務で使う端末のグループ「LGWAN接続系」だ。

残りの1つが「自治体情報セキュリティクラウド」と呼ぶセキュリティー基盤を介してインターネットにつながり、Webサイトの閲覧などに用いる端末のグループである「インターネット接続系」である。3グループに分かれたきっかけは2015年に判明した日本年金機構の個人情報流出事案だ。総務省は2015～2016年度に自治体の外部接続ネットワークを上記の3つに分離するセキュリティー強じん性向上対策を進めた。

セキュリティーは高まったが、行政のDX（デジタル変革）が加速する現時点においては使い勝手などに問題がある。そこで新サービスの提供で「自治体のIT部門やデジタル人材がLGWAN接続系で使うサービスを実験的に開発したり活用したりできるようになる」と登室長はみている。

民間のデジタル人材の獲得にも

LGWAN接続系でのテレワークシステムに加え、今回の新サービスの提供により、自治体のデジタル人材が能力を発揮しやすくなるだけでなく、新たな人材獲得の期待も高まる。「自治体テレワークシステム for LGWAN」の導入自治体である三重県伊賀市の森大樹企画振興部広聴情報課情報政策係係長は、「外部のデジタル人材に週に数時間だけでも手伝ってもらいたいというときに、LGWAN接続系で使えるテレワークシステムは必須になるだろう」と話す。同時に、外部のデジタル人材とサービス開発をする際には、GitHubのようなサービスが不可欠になるだろう。

つながり始める自治体と政府

これまで政府と自治体、あるいは自治体同士が行政のデジタル化についてリアルタイムに議論できる場は限られており、これがシステムのサイロ化やデータの分断を生んでいた。この状況が、コロナ禍を機に変わりつつある。

自治体の職員が互いに知恵を出し合う「集合知」を支え、かつ人件費削減にも効果のあるコミュニケーションツールが自治体に広がり始めている。トラストバンク（東京・目黒）の自治体専用チャットツール「LoGoチャット」である。

LoGoチャットは、自治体など行政機関専用の閉域網であるLGWAN（総合行政ネットワーク）のASPサービスである。LGWANだけでなくインターネットにもつながるため、スマートフォンからも操作できる。情報セキュリティー対策としてデータを保存できなくしたりスクリーンショットを撮れなくしたりできるほか、職員がスマホを紛失した際には強制的にIDを停止できる。

ＬｏＧｏチャットの導入効果は同じ自治体の職員がやり取りできるようになるだけではない。異なる自治体の職員同士が「ＬｏＧｏチャットユーザーグループ」という機能で特定テーマのトークルームをつくってチャットしたりファイル共有したりできるようにもなる。

ＬｏＧｏチャットユーザーグループを使って複数の自治体職員が迅速に事務処理をできるように協力した例がある。２０２０年5月に政府が始めた10万円の特別定額給付金の受付事務だ。複数の自治体職員が給付処理に使えるＥｘｃｅｌマクロをつくっては「ダウンロードして直してみました」「ここは変えたほうがいいですよ」とやりとりしながら改良したという。

企業が他社と事務処理を効率化するためにＥｘｃｅｌマクロを共有して改良するような例はあまりない。一方で自治体は法制度に基づいて同じ事務処理をこなさなければならない。

加えて小規模自治体では、１人しかいない情報システム担当者が全システムを管理する「１人情シス」状態で孤軍奮闘しながら、別の自治体の情報システム担当者と情報交換したり視察して施策を取り入れたりしている。こうした状況のなか、ＬｏＧｏチャットでは２０２０年12月時点で１００件ほどのトークルームで約４７０自治体の約４０００人が情報交換しているという。ＬｏＧｏチャットが情報交換の受け皿になりつつあるわけだ。

各府省庁は都道府県を経由して市区町村に事務連絡を送っている。ただ都道府県によっては市区町村に伝えるタイミングが遅い場合もある。

そこで自治体職員がＬｏＧｏチャットで迅速に共有したり、職員同士が本音で情報交換したりしている。「他の職員に助けてもらうと自分も助けたくなる。顔は見えないが、チャットはリアルタイムなので信頼関係ができて時間削減にもつながる」（深谷市のＩＴ担当者）。

トラストバンクは今後、ＬｏＧｏチャットにＡＰＩ（アプリケーション・プログラミング・インターフェース）連携の機能を追加する計画という。何らかの処理が終わるとＬｏＧｏチャットに自動的に通知が届き、その通知に基づいて職員がＷｅｂページにアクセスすると次のアクションができるようになる。チャットがコミュニケーションをデジタル化する入り口になって、他のシステムと連携して自治体の業務効率化に弾みがつきそうだ。

自治体とのやりとりをデジタル化する霞が関の明暗

ＬｏＧｏチャットが自治体に広がるなか、霞が関の省庁は２０２０年12月に相次いでデジタルツールを導入して市区町村とコミュニケーションしやすくする試みを始めた。しかし自治体の反応は早くも明暗が分かれているようだ。

農林水産省は２０２０年12月１日からビジネスチャットツール「Ｓｌａｃｋ」を使って、自治体や農業従事者とコミュニケーションする実証実験を始めた。農水省は現在、

2022年度までに約3000件の全行政手続きをオンライン化する「農林水産省共通申請サービス（eMAFF）」を開発中だ。2020年4月から一部手続きのオンライン申請を受け付け始めている。

ただ、農業従事者は行政手続きをする前に、地域の関係者や自治体と話し合って合意形成を図るのが通例という。そこで「電子申請する前の段階から関係者がチャットでやりとりできるようにする」（農水省の畠山暖央大臣官房デジタル戦略グループ情報化推進係長）ことを狙う。eMAFFの利用を促す仕様の改善や制度改革にもつなげたい考えだ。

実証実験では既に約360人がリアルタイムで情報交換を始めている。現状は自己申請で個人のメールアドレスなどでも参加可能となっているが、今後の実運用ではなりすましを防ぐために身元確認を済ませた参加者に発行されるeMAFFのIDなどを使えるようにする計画だ。

農業従事者らの参加者はSlack上で個別に関心のあるテーマを設定して議論したり、農水省に意見も直接伝えたりできる。農水省職員は絵文字で「拝読しました」などと返せる。Facebookの「いいね」ボタンを使うと賛同したと受け取られかねないものの、Slackでは豊富な絵文字で幅広いやりとりが可能という。

厚生労働省も2020年12月1日から自治体との情報交換を進めるために「One Public」と名付けたポータルサイトの運営を始めた。

ＯｎｅＰｕｂｌｉｃは、厚労省が若手職員や自治体職員を交えたチームをつくって独自開発した。厚労省から自治体への事務連絡や通知の共有、掲示板、自治体へのアンケートといった各種機能を盛り込み、従来のメールによる通知を代替する方針という。

ただＯｎｅＰｕｂｌｉｃはＬＧＷＡＮからしかアクセスできない。しかも自治体はアクセス先を設定した専用のパソコンを用意したうえで、厚労省が割り振ったアカウントでログインしなければならない。

アカウント数は全国の自治体で合計約４２４０件。厚労省は人口規模に応じて自治体に割り振ったが、自治体によっては割当数が厚労省所管業務を担当する職員数に足りていない。そのため厚労省の通知を受け取るために情報システム部門が代理でアクセスして情報共有する必要がある。自治体間で自由なコミュニケーションも可能だが、自治体職員にとってはかえって手間が増える恐れがあるという。

実は同様のポータルサイトを他の府省庁も構築している。自治体関係者からは「国が自治体向けシステムをつくるのは良いとしても、使い方も通信方法も異なるシステムがどんどん増えている」といった困惑の声も上がる。

本人確認めぐり、ITベンチャーが総務省を提訴

自治体主導のDXが進むなかで、自治体と中央省庁の方針がかみあわず、ITベンチャーが中央省庁を提訴する事態に発展したケースもある。舞台となったのは、自治体が独自のデジタル行政サービスを提供するうえで最も重要な基盤と言える「デジタル本人確認」の分野だ。

LINEを使って住民票などを請求できるサービスを提供しているBot Express（東京・港）は2020年9月、東京都渋谷区の住民がLINEアプリを使って住民票などの写しの交付を請求できるサービスを巡って、総務省が他の自治体による導入を事実上止めさせているのは違法だとして、総務省を相手取って提訴した。

同社の中嶋一樹社長は「ベンチャー企業としては裁判は摩耗する作業なのでできれば本業に集中したいが、これは看過できなかった」と提訴に踏み切った経緯を話す。

渋谷区は2020年4月に同社のサービスを導入した。渋谷区によると、サービス開始から約半年間に住民票だけで400件近い利用があったという。本庁だけでも毎月2000件前後になる窓口での請求や毎月1000件前後の郵送による請求に比べるとまだ少ないものの、渋谷区住民戸籍課は「今後周知を徹底すれば伸びる」とみている。

ところが総務省は渋谷区がサービスを開始した直後の2020年4月に都道府県などへ

の「技術的助言」として、事実上ＬＩＮＥで住民票を請求するサービスを採用しないよう求める通知を出した。マイナンバーカードに搭載した電子署名や電子証明書を使ったオンライン申請以外は「適切ではない」という内容だ。

当時の高市早苗総務相も記者会見で渋谷区の方式に対して「セキュリティー、法律の観点から問題がある」と述べた。これにより、他の自治体は同サービスを事実上導入できなくなった。

一連の経緯を踏まえ、Ｂｏｔ Ｅｘｐｒｅｓｓは総務省の通知は違法だとして提訴した。渋谷区はＬＩＮＥで住民票などを請求できるサービスは適法な仕組みだという立場で、今回の訴訟には加わっていない。

身分証の顔写真で本人確認

渋谷区が導入したＬＩＮＥで請求できるサービスは、利用者がＬＩＮＥ上で「渋谷区ＬＩＮＥ公式アカウント」とやり取りすることで申請できる。スマートフォンなどで撮影した利用者本人の顔写真と、運転免許証やパスポート、マイナンバーカードといった顔写真入りの身分証明書を撮影して、それぞれ送信する。

渋谷区はＡＩ（人工知能）を使った顔認証の自動判定と、職員による目視の照合によって本人確認をする。利用者がスマホ決済サービスの「ＬＩＮＥ Ｐａｙ」で手数料を払うと、住民票に記載された住所に後日郵送されてくる。

ＬＩＮＥで住民票を請求できるサービスは、２０１９年3月に千葉県市川市が実証実験を始めた。市川市のサービスはＬＩＮＥが提供しているが、本人の顔写真と顔写真入りの身分証明書とを照合しない仕組みだ。Ｂｏｔ Ｅｘｐｒｅｓｓの訴状によるとＬＩＮＥ社は２０１９年6月に事業提案のイベントで当時の平井卓也ＩＴ担当大臣に市川市のサービスについて仕組みを説明した。平井大臣は「このまま進めて構わない」と述べたという。

Ｂｏｔ Ｅｘｐｒｅｓｓは市川市方式に加えて、新たに本人の顔写真と顔写真入りの身分証明書とを照合する仕組みを導入した。この仕組みは、銀行が非対面で預貯金口座を開設する契約で使う「ｅＫＹＣ」と呼ばれる仕組みと同じだ。ｅＫＹＣは、「本人確認の書類」と「本人の容貌」の画像で本人確認する方法を定める犯罪収益移転防止法（犯収法）に適合している。

渋谷区やＢｏｔ Ｅｘｐｒｅｓｓは本人の顔写真と顔写真入りの身分証明書とを照合する仕組みについて、現在認められている郵送による請求と比べても、他人がなりすまして住民票を請求できるリスクは低いと主張する。郵送では本人確認ができる書類のコピーを申請書に同封して送るだけだからだ。

中嶋社長によると、渋谷区がＬＩＮＥを使ったサービスを導入するまでの約1年間に、中嶋社長自ら当時の総務副大臣や自民党若手議員、内閣官房の担当者らに仕組みを説明して理解を得ていたという。ただし総務省の住民制度課は「電子署名を使う必要がある」と一貫しており、ＢｏｔＥｘｐｒｅｓｓと主張は平行線のままだった。中嶋社長は「マイナンバーカード以外は容認しないという結果ありきの議論だった」と話す。

「縦割り」の法制度と、「横串」のオンライン本人確認

訴訟の争点になりそうなのは、総務省が都道府県などに通知した根拠だ。通知は「既に電子署名という厳格な本人確認手段があるにもかかわらず、これに劣る手段を採用することは適切でない」としている。

総務省はデジタル手続き法（デジタルファースト法）を基にした省令で、電子署名や電子証明書を使うよう求めている。しかし省令の「ただし書き」には「行政機関等の指定する方法により当該申請等を行った者を確認するための措置を講ずる場合は、この限りでない」として、電子署名以外を利用する方法もあると規定している。

総務省は省令のただし書きについては「例えば既に法令でＩＤとパスワードの組み合わせを認めている手続きなど、厳格な本人確認が不要な手続きまでも全部、電子署名を使わなくてもよいと説明した条文だ」（同）と説明する。

つまり省令の条文の趣旨は、市区町村長が判断すればどんな方法で本人確認してもよいと容認したものではないというわけだ。総務省は、住民票の請求には住民基本台帳法が厳格な本人確認を求めているとして「現時点ではオンライン申請で（マイナンバーカードの）電子署名以外は想定していない」（同）とする。

一方で総務省は、郵送による請求が認められている根拠は「法令で規定されているから」と説明する。渋谷区の方式（ｅＫＹＣ方式）が犯収法の規定に適合しているという点については、「民間の事業者同士が互いの契約に基づいて容認する制度と、行政機関と住民のやり取りを対象としている制度では前提が異なる」（同）とする。

つまり総務省は「事務ごとに法令上の規定がある以上、（渋谷区方式が）現在認められる状況ではない」（同）という立場だ。さらにマイナンバーカードの電子署名や電子証明書を使う以外にオンラインで本人確認をする方法については「きちんと法制化を議論していけばよい」（同）と総務省として主張しているとする。

渋谷区やＢｏｔ Ｅｘｐｒｅｓｓは ＩＴを実務で使う立場で法制度を「横串」で捉え、「使いやすい本人確認の仕組みの導入が必要だ」と主張していると言える。これに対して総務省は住民基本台帳法といった「縦割り」の法制度の規定を前提にしている。視点の違いがあると言えそうだ。

デジタル化に不可避な「本人確認」の制度設計

デジタル技術がどんなに発達しても、デジタルサービスの利用者が間違いなく本人なのかを確認するプロセスは欠かせない。渋谷区やＢｏｔ Ｅｘｐｒｅｓｓも、総務省が主張するようにマイナンバーカードの電子署名や電子証明書を使ったオンライン申請が最もセキュリティーが高いという点には異論がなく認めている。

渋谷区はＬＩＮＥを使った住民票の申請の立ち位置を、「国が目標としている住民のほとんどがマイナンバーカードを持つようになるまでのつなぎ」（住民戸籍課）と説明する。実際に渋谷区はマイナンバーカードを使って住民票などをコンビニエンスストアで取得できる「コンビニ交付」を、東京都三鷹市や市川市とともに全国に先駆けて導入した経緯がある。

ただしマイナンバーカードの普及率はようやく2割を超えた段階だ。本人確認のプロセスは厳格になるほど安全性が高まるものの、利便性は下がる傾向がある。折しも菅首相はデジタル庁創設を打ち出して行政のデジタル化を急ぐ一方で、マイナンバーカードの普及を加速する考えも打ち出している。

金融業界では本人確認の「甘さ」を突いた不正ログインによる被害も相次いでいる。総務省は「住民の個人情報やセキュリティーを第一に考えていかなければならない。新技術を否定するつもりは毛頭ないが、制度として位置付けながら積み上げていくしかない」（住民制度課）と慎重だ。中嶋社長は訴訟に勝つことを目的としているわけではなく「（ＬＩＮＥを使った請求などの）実証が可能となるような環境ができるのであれば、いかなる交渉もあり得る」と話す。

新型コロナウイルスの感染拡大を防ぐためにもオンラインでの行政手続きの整備は急務である。サービスごとに望ましい本人確認レベルとは何かをリスクベースで考え、既存制度を見直す議論は避けられない。

第8章

デジタル庁設立への提言

新型コロナのＩＴ対応で日本政府は「デジタル敗戦」を喫した。復興に向けデジタル庁が立ち上がろうとする今、大切なのは失敗から学んだ教訓をどう生かすかだ。

菅義偉氏は２０２０年９月の首相就任直後、真っ先に取り組む政策にデジタル庁創設などを中核とする行政のデジタル改革を据えた。日本社会の再設計に向け、デジタル庁への期待は大きい。ＩＴ企業トップ、大学教授、シビックテック（ＩＴなどの技術で地域課題を解決する市民活動）の第一人者などが日経コンピュータに語ったデジタル庁への提言を紹介しよう。

01

住民主語のデジタル化を進めよ

Zホールディングス社長CEO（最高経営責任者）
一般社団法人日本IT団体連盟会長

川辺 健太郎 氏

川辺 健太郎（かわべ・けんたろう）氏
1974年生まれ。大学在学中の1995年に電脳隊を設立。2000年ヤフー入社、2018年社長CEO。2019年に持ち株会社制に移行し、社名をZホールディングスに変更した。（写真提供：Zホールディングス）

2020年9月9日、Twitter上で「デジタル庁・私案」を発表した。その最初に「デジタル庁創設の目的は第一に日本に住む人のウェルビーイング（幸福）の増進」と書いた。「公共部門のデジタル後進国」を脱するうえで最も重要なのは、日本に住む人や在外日本人といった行政サービスを受ける側の視点に立ち、「住民主語のデジタル化」を進めることである。

行政サービスは独占であり他に乗り換えられる心配がない。住民の利便性の向上よりも、自分たちの仕事のしやすさを重視しがちな構造と言える。

行政のデジタル化における最大のメリットは、個々人の実情に合わせたワンツーワンのサービスを提供できるようになる点にある。そうしたサービスをデジタルで提供するにはIDを使って個人を認証し、個人ごとのデータを蓄積する必要がある。

その点でマイナンバー制度には期待している。ただ使い勝手には課題がある。まず物理的なカードである必要があるのかは疑問だ。アプリにすれば物理的な制約はなくなる。

先日、自分のマイナンバーカードの電子証明書を更新するために役所に行った。アプリで更新すれば出向く必要もなくなる。政府はこうした点もデジタルで解決する方向でマイナンバー制度をアップグレードしてほしい。

人は何かのきっかけがあって行政サービスを受ける必要に迫られ、役所に行く。その「きっかけ」の中に行政サービスを組み込めば、もっと良いユーザー体験を提供できる。

マイナンバー制度に関連するデータベース、認証の仕組み、ＡＰＩ（アプリケーション・プログラミング・インターフェース）などを作るのは国の役割だ。しかしＡＰＩで連携してデータベースにアクセスし、行政サービスを提供する主体を行政機関に限るのではなく、民間企業にも門戸を開くべきだ。

今の日本はデジタルの力によって便利になった民間のサービスと、不便なままの行政サービスとが同居している。率直に言って、行政サービスを民間企業が手掛けたところでお金がもうかるわけではない。

それでもユーザーの利便性を高めるために行政サービスに積極的に関わっていきたい。当社とＬＩＮＥが（２０２１年3月に）経営統合すれば、ユーザーのウェルビーイングを高めることがさらに大きなテーマになるからだ。（談）

02

優れた地方DX事例の横展開を

サイボウズ社長
青野 慶久 氏

青野 慶久（あおの・よしひさ）氏
1971年生まれ。愛媛県今治市出身。1994年大阪大学工学部卒業、松下電工（現パナソニック）入社。1997年8月松山市でサイボウズ設立。2005年4月から現職。（写真提供：サイボウズ）

02 優れた地方DX事例の横展開を

最初にすべきことは、マイナンバーカードをやめることだ。毎年多額の予算をつぎ込んでも普及率は2割程度にとどまる。うまくいっていないのに、やめるという選択肢を持っていないのはおかしい。

国と地方のそれぞれのシステム標準化はぜひ進めるべきだ。ただ、自治体の意見を聞かずに中央でフォーマットを勝手に決めてしまい、自治体が「それでは現場の実態に合わず仕事しにくい」と言って自分たちで別のフォーマットをつくるような事態にならないかと懸念している。

デジタル庁に民間人を起用するのもいいが、より重要なのは自治体の職員に入ってもらうことだ。現場の使いやすさという視点が入らないのは「国が上で自治体が下だ」という意識が根底にあるからではないか。

DXの要諦は、現場のデジタル化と優れた事例の横展開だ。新型コロナ禍で、神奈川県が当社のクラウドサービス「kintone」を使って医療機関の情報を集約する仕組みをつくった。大阪府や埼玉県も新型コロナ対策にkintoneを活用している。神奈川県の事例を参考に、国も（同じ機能を持つシステムである）G-MISを作った。中央政府がすべきことは、優れた現場の事例を横展開するファシリテーションである。

神戸市や千葉県市川市、徳島県神山町などとは新型コロナ禍の前から親しく付き合ってきた。これらの自治体の首長や職員は「ITを使って行政サービスの質を上げるんだ」という熱意を持ち、アイデアを次々と実行に移している。彼らこそが行政ＤＸのリーダーだ。

現場を知らない中央政府がシステムを決めて全国展開したら、成功する確率が低い一発勝負になってしまう。現場でＤＸに取り組んでもらい、成功事例を横展開するほうがうまくいく。そうした成功事例を支援するのが我々の役割だ。（談）

03

自律分散型でイノベーション起こせ

シナモン社長CEO（最高経営責任者）
IT総合戦略本部本部員

平野 未来 氏

平野 未来（ひらの・みく）氏
1984年生まれ。2009年東京大学大学院工学系研究科修了。在学中の2006年にネイキッドテクノロジーを共同創業し、2011年にミクシィに売却。2012年シナモン創業。2020年からIT総合戦略本部本部員、内閣府税制調査会特別委員も務める。（写真：鈴木 愛子）

国民が真に使いやすい行政サービスをつくるにはこれまでの中央集権型を自律分散型に改めるとよいだろう。

政府システムの開発はこれまでウオーターフォール型がほとんどだった。要件を定義して相見積もりを取って発注し、ITベンダーがつくるといった流れだ。結果として、政府システムは使いにくく、新型コロナという未曽有の状況にうまく対応できなかった。人間の想像力には限界があって、最初からあらゆる事態を想定した100点満点の要件はつくれないからだ。

我々のようなスタートアップからすると、2週間に1度システムやサービスをアップデートするのは当たり前だ。常にその場で起こる課題を解決し、新しい機能を加えていっている。こうしたアジャイル開発のやり方を政府ももっと取り入れるべきではないか。

政府はデータの統合方針だけを示して、誰でも行政のシステムづくりに参加してイノベーションを起こせるようにすべきだろう。都市部と地方とでは課題が異なり、同じシステムでもオペレーションが異なるはずだ。そこを中央集権的に一律でやろうとしても失敗する。

データプラットフォームはAI（人工知能）を有効活用できる「AI-ready」なものを構築すべきだ。デジタル庁にはAIの専門家が入ってデータプラットフォームを設計することが欠かせない。（談）

04

住民メリット生み出す標準化を

Japan Digital Design CTO
（最高技術責任者）

楠 正憲 氏

楠 正憲（くすのき・まさのり）氏
1977年生まれ。1998年インターネット総合研究所入社。マイクロソフト、ヤフーを経て、2017年から三菱UFJフィナンシャル・グループ傘下のJapan Digital DesignでCTO（最高技術責任者）。2012年から内閣官房政府CIO補佐官として任用。（写真提供：Japan Digital Design）

菅政権は2025年度末までに自治体の業務システムの標準化を目指している。住民基本台帳のほか、固定資産税などの地方税、国民健康保険などの社会保障を含む17業務が対象だ。

標準化を進めるに当たっては、2025年までにどんな行政サービスを実行したいと思っていて、そのためにどの部分を標準化するのかという視点を持ち、住民にとってよりインパクトのある部分から手掛けていくべきだ。

2025年度にいきなり1つのシステムに統一するのは難しい。最初はベンダーごとに（個別運用していたシステムを1つに）集約するといった策が現実的だ。大規模な制度改正やリプレースで何年かおきにシステムをブラッシュアップするなかで、徐々に1つにまとめるといった現実的な落としどころを探る必要がある。

標準化はゴールではない。業務を標準化して、システムを統一したことでどんなサービスができるようになるのかを考えることもデジタル庁には求められる。

新たに具体的な業務を定義して要件に入れ込まない限り、標準化だけしてもワンストップ（1つのシステムで事足りること）にはならない。標準化という地ならしの上にどんな車を走らせるのかを考えておかなければ、何の住民メリットも生み出さない標準化になってしまいかねない。（談）

05

デジタル格差を生み出すな

東洋大学教授

竹中 平蔵 氏

竹中 平蔵（たけなか・へいぞう）氏
1951年生まれ。一橋大学卒業。日本開発銀行などを経て1996年慶応義塾大学教授。2001年経済財政政策担当相、2005年総務相などを歴任。2016年より慶応義塾大学名誉教授、現職。世界経済フォーラム（ダボス会議）理事。（写真：村田 和聡）

2000年に慶応義塾大学の村井純教授と一緒に当時の森喜朗首相にインターネットに関する国家戦略を提言した。その時の目標は、日本のインターネットインフラを世界最高のものにするというものだった。

これは達成できたが、その利活用が進まなかった。その結果として新型コロナ対策では、遠隔教育や遠隔診療が進まないなどとして、顕在化している。

利活用が最も遅れている部門が政府だ。そこを変えていく象徴として、デジタル庁はまずは国民にとって分かりやすいところから着手してはどうか。例えば引っ越し時に、住民票や運転免許証、銀行、水道などに関わる変更を全て一括でできるようにする。こうした縦割りの行政組織に横串を通すのが、実はデジタル化の本質だ。

デジタル庁の重要な役割はまずマイナンバー制度をきっちり整備することだ。「国が個人を管理する」と言われるがそうではなくて、マイナンバーはデジタル社会における重要な個人認証制度で、最も重要なインフラだからだ。

ただデジタル化のなかでは、デジタルデバイドなど新しい格差問題が出てくる。それによってデジタル化そのものが進まなくなるリスクがある。誰もデジタル化に取り残されないという「デジタルミニマム」の議論をデジタル庁でしっかりやってほしい。（談）

06

データガバナンスの強化望む

武蔵大学教授
国際大学GLOCOM主幹研究員
庄司 昌彦 氏

庄司 昌彦（しょうじ・まさひこ）氏
1976年生まれ。中央大学大学院総合政策研究科博士前期課程修了、修士（総合政策）。関心領域は情報社会学、情報通信政策、デジタルガバメント、地域情報化など。内閣官房オープンデータ伝道師なども務める。（写真提供：庄司昌彦）

新型コロナ対策の反省として、政府がデータを取り扱うことについてアクセルを踏んだのは良かったが、デジタル庁の議論ではデータガバナンスの論点が抜けている。政府によるデータ活用に対して国民の懸念は根強い。アクセルを踏むには、しっかりとしたブレーキを用意する必要がある。

データに対する政府のガバナンスが利いていることを制度的に担保していくべきだ。具体的には、会計検査院のデータガバナンス版が必要だろう。

例えば独立した監督機関が利用目的などをチェックして、場合によっては差し止められるとよい。個人情報保護委員会の権限を強めるのが最もやりやすいが、政府全体の意識を変えていくべきだ。

データ活用では政府がルールと手続き、ガバナンスをしっかり保たないと国民から信頼されない。（そうしないと）政治家や公務員が自分たちに都合がいいように制度設計していると見られてしまう。「政府だから信用しろ」と言うには無理があるという事実を政府は理解すべきだ。

2020年春、厚労省からヤフーに対し、新型コロナ対策の一環でユーザーの位置情報などのデータ提供の要望があった。当初は要求内容が曖昧で、私が委員を務めるヤフーの「プライバシーに関するアドバイザリーボード」は「断るべきだ」と突き返した。その後、正式に文書で依頼があったので協力したものの、政府のデータに関するガバナンス意識は

まだ足りない。（談）

07

行政システムもオープンソースに

一般社団法人コード・フォー・ジャパン
代表理事

関 治之 氏

関 治之（せき・はるゆき）氏
1975年生まれ。ヤフー在職時の2011年3月に発生した東日本大震災で復興支援サイトの総責任者を務めた後、行政のIT活用を支援するコード・フォー・ジャパン（CFJ）を2013年に設立し、代表理事に就く。CFJは東京都などの新型コロナ情報サイトを受託している。（写真：陶山 勉）

行政システムもオープンソースに　07

行政のデジタル改革を機に、ぜひ国や自治体にはもっとオープンソースの考え方を取り入れてほしい。例えば行政システムそのものをオープンソースソフトウエア（ＯＳＳ）にできるはずだ。

住民基本台帳など重要データを処理する機能は難しいかもしれない。一方で市民が触れる行政サービスを提供するシステムは、ＯＳＳとして公開するメリットがある。実際に好例も出てきた。

兵庫県加古川市の職員が特別定額給付金のオンライン申請システムを独自開発して無償公開したところ、岐阜市などに採用が広がった。ＯＳＳの良いところは、参画する様々な背景の人の「知恵」が集まる点にある。優れた仕組みを国や全国の自治体が使えば、そのフィードバックでさらに改善が進む。

国が推し進めようとしている行政システムの標準化にもつながる。最初に構築したベンダーしか保守できなくなる状況が解消されるからだ。

ＯＳＳや市民参加型の「シビックテック」で行政のデジタル化を成功させるうえで市民やＩＴ技術者と行政の現場を橋渡しする人材が不可欠だ。行政が抱える課題について、技術者らが解決方法を見いだしやすいよう「翻訳」したり、活用できる行政データを見つけ出したりする役割を担う人である。我々が関わったプロジェクトでも、技術と行政の両方が分かる橋渡し人材を採用したことで官民の協力が円滑になり、成功に至ったことがある。

ＯＳＳや市民参加型だけで解決できない大きな課題もある。行政の現場にＩＴの専門家が不足している点だ。中央官庁はＣＩＯ補佐官など一部の民間登用者に頼るばかりで、ＩＴが分かる職員をほぼ育成してこなかった。

官庁や自治体は電波や土木など社会インフラ技術を専門とする技官を伝統的に採用してきた。しかしＩＴに関する技官職はない。ＩＴ人材を育てるには、まずはキャリアパスを設計してどのような役職に昇格できるかといった処遇の可視化が欠かせない。

日本は中央官庁にＩＴ専門職のキャリアパスをつくるべきだ。デジタル改革を進めた海外先進国はＩＴ人材のキャリアパスを整備している。

英国はＩＴ専門職種と求める能力の枠組みを定義し、採用と育成に生かしている。米国にはＩＴ人材が公務員と民間企業を行き来してキャリアを形成する「回転ドア」と呼ばれる仕組みがあり、起業を経験したＩＴ人材が公務員として活躍するケースも多い。（談）

危機になってから動くのでは遅い

続いて、遠藤氏の後を継いで2018年7月に政府CIOとなった三輪昭尚氏のインタビューを掲載する。政府CIOに就任して2年超。三輪氏は「苦しかった」という新型コロナでのIT活用を踏まえ、「行政のデジタル化をなぜもっと速く進められなかったのか」と振り返る。行政サービス向上のため、データ連携とそのためのルールや基盤整備の必要性を説く。政府がデジタル化に舵《かじ》を切る中、政府CIOとしての経験とコロナ対策の教訓をどう生かすのか。（インタビューは2020年9月24日に実施）

――政府CIOに就任して2年超がたちました。行政のデジタル化の観点から見て、どう振り返りますか。

政府のIT戦略は方向性としては間違っていないと私は思っています。マイナンバーカードやGIGAスクール構想、各省庁のWeb会議システムの共通化や政府ネットワークの再構築などについて、新型コロナウイルスの感染拡大以前から議論を進めていました。課題は「なぜもっと早く進められなかったのか」です。

私は今、政府のデジタル化に関する進捗状況の見える化に取り組んでいます。問題点を把握し、デジタル化のためにできることはデジタル庁発足を待たずに進めるつもりです。

政府CIO

三輪 昭尚 氏

三輪 昭尚（みわ・あきひさ）氏
1974年京都大学工学部卒業、大林組入社。1983年イリノイ工科大学大学院経営工学修士課程卒業、2004年大林USA社長。05年大林組執行役員。07年常務取締役原子力本部長、08年情報システム担当。10年取締役専務執行役員、18年顧問。18年7月から現職。（写真：村田 和聡）

COCOAなどの開発を支援

――ITを活用した新型コロナ対策について、政府CIOや内閣官房IT総合戦略室（IT室）はどんな役割を果たしたのでしょう。

以前から政府情報システムの一元的な管理を強化しています。全府省のシステム整備・運用プロジェクトを、予算の要求前から編成段階、執行段階まで年間を通して政府CIOの下で管理するということです。

ただ、「HER-SYS（新型コロナウイルス感染者等情報把握・管理支援システム）」や接触確認アプリ「COCOA」などは厚生労働省主導で緊急に開発する必要があったので、こうした一元的な管理下にあったとは言えません。

ＩＴ室は「新型コロナ対策テックチーム」の事務局として、ＩＴやデータを活用した解決策について技術的に支援しました。「Ｇ-ＭＩＳ（新型コロナウイルス感染症医療機関等情報支援システム）」は厚労省と連携して開発を進めました。ＣＯＣＯＡやＨＥＲ-ＳＹＳの開発は政府ＣＩＯ補佐官を派遣して支援しました。ただ、確かに苦しかったですね。

――どんな教訓を得ましたか。

１つには危機になってから動くのでは遅いということです。できる限り前もって備える努力をしなければなりません。危機が起こっている最中に一からシステムを作り上げるのは、どれだけ優秀な人がいたとしても苦しい。

もう１つは人材確保の必要性です。我々には普段の仕事もあります。通常業務を続けながら新型コロナ対策にも人を送り込むのは非常に苦しい。人材がもっとたくさん要る。ＩＴの専門家ばかりでもダメで、業務を知る人と双方が議論しながら、目指すシステムの姿を考えなくてはなりません。

――自治体と政府の行政システムの連携についての方向性は。

国民目線の行政サービスをどの自治体でも実施できるようにするために、自治体の業務システムの標準化を図るよう菅義偉首相が指示しました。各自治体がバラバラにシステムを開発するのではなく、クラウドを活用して複数の自治体でシステムを共同利用することを目指します。

政府から標準仕様を出して、できる限りたくさんの自治体で標準化されたシステムを一緒に使えないかと今、検討しています。

――菅首相はマイナンバーカードを行政サービスの中核とする考えです。

マイナンバーカードが使える行政サービスの1つに「e-Tax（国税電子申告・納税システム）」があります。確定申告の申請から提出までをインターネットで完結できます。しかしそこで満足してはいけない。e-Taxの究極の姿は、利用者が何もしなくても役所の方から「あなたの税金はいくらです」と連絡が来て、利用者が内容を確認して申告ボタンを押せば完結するというものです。

夢物語ではありません。2020年10月に生命保険料控除証明書のデータをマイナポータルと連携させました。医療費のマイナポータルへの連携も2021年度に始まると聞いています。

e-Tax以外でも法人登記や引っ越し、死亡・相続といった分野で手続きのワンストップ化を進めています。

――マイナンバー連携の具体的なメリットは。

例えば所得に応じた支援を行う際、マイナンバーと銀行口座をひも付けてあれば迅速な給付が実現でき、住民も行政側も大変助かります。民事訴訟で賠償金を勝ち取っても被告が資産を隠すケースがありますが、マイナンバーと銀行口座の連携を活用して原告の泣き寝入りを防ぐことも考えられます。

ただし便利に思う人もいる一方、不安になる人も多いと思いますので、社会的なコンセンサスを図っていくことも重要だと思います。

データの連携が重要だと思います。今の日本はデータを連携させる手前でシステムの整備が止まっている状態。プライバシー保護が重要なのは言うまでもありませんが、様々なデータを連携させたうえで、誰が何に使うのかフォローする考え方もあるでしょう。

行政もデータを活用した政策立案を

――行政機関が持つデータを有効活用するには何が必要ですか。

オープンデータをさらに使えるようにするため、データの標準化やデータの品質を含むルール作りなどが必要です。国も自治体もオープンデータに取り組むことが義務付けられています。自治体については、政府として公開を推奨するデータ、準拠すべきルールやフォーマットなどを取りまとめた「推奨データセット」を公開しています。

多様なデータを連携させるには「ベースレジストリ」の整備も必要です。ベースレジストリとは住所や氏名など社会全体で使う基本的な情報の共通データベースです。構築に向けた整理を今進めているところです。

行政自体ももっとデータを活用すべきです。そのためには行政が必要とするデータが得られるシステム設計にしなければなりません。政府が感覚的に意思決定するのではなく、EBPM（証拠に基づく政策立案）を推進するにはどんなデータを集めるべきか、統計情報とシステムから取れるデータの両面から議論する必要があります。

——菅政権は縦割り行政の打破を掲げています。

データ連携を進めるには府省庁間の連携がさらに必要になります。今までの行政機関には「自分の省以外のことは知らない」という人が多かったですね。私やIT室は各府省のシステム開発のレビューにおいて「行政の効率や国民への行政サービス向上のために連携が必要だ」と言い続けてきました。

2020年1月から法人設立登記後の税務署や労働基準監督署、ハローワークなどでの手続きがワンストップになりました。縦割り解消は一部で進んでいるのですが、もっと強力に推進しなければなりません。

省庁の予算を調整、縦割り打破へ

予算面の難しさもあります。連携の予算を議論すると、どの省が負担するのかという話に陥りやすい。そこは我々が入って調整します。

各府省が縦割りで調達したらどうしても重複投資が生まれます。政府全体で共通に利用するシステムや基盤、機能などの「デジタルインフラ」について、関連システムの予算はＩＴ室が一括して計上、要求することになりました。２０２０年度予算から一部始まり、順次拡大していきます。

政府ＣＩＯを2年間務めてみて、政府ＣＩＯ制度は各府省に横串を刺せる良い制度だと感じています。ただ、行政のＤＸ（デジタル変革）を進めるには、今の制度をもっと強化する必要があるでしょう。予算関連もいろいろな方策を考えるべきです。人材をさらに強化して、仕事の範囲も明確にする必要があると思います。縦割り行政を打破しプロジェクトを一元管理する。そういう方向で法律を考えてもらいたいですね。

アーキテクチャーにまで踏み込まなければ

本章の締めくくりとして、第1章に掲載した平井卓也デジタル改革相のインタビューの続きを掲載する。

――これまでの政府システム改革の課題は。

今までスマートシティにしろデジタル・ガバメントにしろ、上（中央政府）から下（国民）に下ろす構造になっていました。デジタル庁ではそれらを全て国民起点に書き換えます。

個別の最適化は結構できていたと思います。政府CIO制度や内閣官房IT総合戦略室などを設け、個別のシステムに助言するようにした結果、システム運用コストを約3割減らせる見込みです。ただ根本的なシステムの基本構造を見直すところまでは難しかった。

政府のITシステム予算は年間約7000億円あります。このうち3000億円が新規システム投資などで、4000億円が維持管理です。この構造を大転換するには、あるべきアーキテクチャーを整理したうえで、最終的にその姿を実現することが望まれます。

個別システムの最適化をはるかに超える大仕事です。しかしアーキテクチャーまで踏み込まなければ日本のデジタル化はうまくいかない。そう考えたことが、デジタル化の司令塔であるデジタル庁を創設するというアイデアにつながったと理解しています。

IT予算の一括要求に加え、国民のサービスに直結する重要なシステムについてはデジタル庁が自ら調達し、構築する仕組みをつくります。「2025年の崖」の懸念からDX（デジタル変革）を進めなければならないのは民間企業だけではなく政府だって同じです。

（写真：的野 弘路）

――DXをどう進めますか。

システムだけを変えても意味がないので、業務プロセスを変えるBPRや大胆な規制改革とセットで進めなければなりません。そこで、河野（太郎規制改革）大臣と週1回打ち合わせをしています。

BPRを伴わないシステム開発はしません。河野さんが全府省にはんこの廃止を要請したのは象徴的だと思います。そもそもはんこを押す意味は何かを突き詰めると、ほとんどのはんこは不要という結論になったわけです。

前例主義から脱却

菅（義偉）首相の基本理念は、「今までそうだったから」という前例主義からの脱却です。我々も前例にとらわれずにやっていきます。

それから国民との接点となるＵＩ、ＵＸを重視します。これまではあまり重視してこなかったので、改善すべき行政サービスは数限りなくあります。ＵＩ／ＵＸに精通したベンチャー企業の人たちにも協力を仰ぎたい。（行政サービスの窓口である）自治体とも一緒につくることになるでしょう。

私はＩＴ担当相を務めた２０１９年９月に「自治体ピッチ」を立ち上げました。実装されている自治体システムの見本市のようなもので、２０２０年度はオンラインで開催しました。

ある自治体のサービスやアプリを、別の自治体でそのまま採用したケースも出てきました。国だけでなく自治体のシステムにも標準化を求めていきます。今後、自治体システムの標準化が進めば、こうしたベストプラクティスの展開も増えていくでしょう。

――国民起点の行政サービスの要はマイナンバー制度になりますか。

マイナンバー制度の本質は、デジタル社会のIDなんですよね。これまでIDなきままデジタル化を進めてきたわけです。これも反省点で、だからこそ本当の意味でのイノベーションが起こらなかったし、行政サービスのワンストップ化もできなかった。

実はこの国の行政機関は個別にはIDをたくさん振っているんです。しかし全体像を分かっている人がいない。「ベースレジストリ（住所や氏名など社会全体で使う基本的な情報の共通データベース）」を整備し、データに関するルールをつくるのもデジタル庁の役割です。

データガバナンスも強化して、国民のためにデータをうまく活用するというデータ戦略の枠組みをまとめています。新型コロナ対策で自治体をまたいだデータ活用を阻んだとされる「個人情報保護法制2000個問題」についても、ルールを共通化する方向で関連法案を出したいと思っています。

規制改革の象徴で、成長戦略の柱

――デジタル庁の役割は何ですか。

まさに議論をしているところで確定的なことは言えないのですが、IT基本法をデジタル社会の推進のために抜本的に改正し、その実現手段としてデジタル庁の役割を記します。目指す社会の姿は経済成長と社会課題の解決を両立する「Ｓｏｃｉｅｔｙ５・０」であり、それを実現するためになぜデジタル化が必要かを、ＩＴ基本法にしっかり書き込まなければ前に進めないと思っています。「デジタル化の憲法」に当たるＩＴ基本法の改正が最も重要で、そのうえでデジタル庁の基本方針などが決まると思います。

デジタル庁は規制改革の象徴であり成長戦略の柱です。（行政ＤＸの）主戦場は、政府系システム、重要インフラのシステム、国民がよく使うであろう行政サービス、自治体との連携などになってきます。医療・教育・災害・金融といった分野のデジタル化にも先行して取り組みます。

――デジタル庁に求める人材像は。

一言で言うなら、「次の時代をこうつくりたいという熱意と技術、能力を持った人」になると思います。

２０２０年9月30日に各省庁から若手を含め合計50人を集め、デジタル改革関連法案準備室が発足しました。菅首相の最初の訓示は「出身省庁のことを考えずにやってほしい」との内容でした。

今までの仕事に関係なく、法案作成に必要な仕事を割り振っています。自由に意見が言えるフラットな組織にして霞が関の新たな文化にしたい。

アジャイル政府を目指す

デジタル改革を推進するための関連法案が7～8本あって、並行して新しい庁をつくるなんて、これまでの霞が関にはなかったミッションです。だから「Government as a Service」ではなく「Government as a Startup」という標語を掲げました。官僚が自分のリソースを生かして、国民のために社会貢献型のスタートアップをつくるならどうなるのか。若い人にはやりがいがあるのではないでしょうか。

――「今までの政府システムはベンダー任せだったのが問題」と発言していました。脱却するには何が必要でしょうか。

自ら発注する能力を持った人を育て、国民目線を持ち続けることです。デジタル庁に対する国民の支持が高くなければ、この組織は霞が関（既存の省庁）に負けてしまう。デジタル化のプロセスを徹底的に透明化します。物事が決まった段階で発表するのが今までのやり方でしたが、私自身も情報を発信し、試行錯誤している状況を表に出します。まさに「アジャイルガバメント」です。

おわりに

各章でみてきたように、2001年以降、日本政府はデジタル政府の施策で失敗し続けてきた。毎年のように構想や計画を打ち出す一方で、それらの実行に必要な人材や組織を整備できなかった。

2021年の通常国会で、IT政策全体の基本方針を示す基本法など関連法案の改正案が審議される。IT基本法の制定以来、20年ぶりの全面見直しとなる。重要なのは政府が改正法などを通じ、行政のデジタル化を推進する目的を国民にどう説明するかだ。

菅首相が掲げるデジタル庁の創設やマイナンバーカードの普及、はんこの廃止などは手段でしかない。行政機関はともすれば施策を進めるうちに手段が目的化しやすい。IT業界も新技術の活用が自己目的化しがちだ。

手段が目的となってしまうことを防ぐためにも、政府は何のために行政をデジタル化して、どんな社会をつくるのかという目的を新たな基本法に書き込む必要がある。「誰もが恩恵を受けられるようにする」といったデジタル化の目的を国民が理解して初めて、日本社会の再設計が始まる。

行政をデジタル化するポイントは「データの標準化」と「OSS（オープンソースソフト）の活用」である。行政機関にある縦割りの壁や、国と自治体の間にある横割りの壁をなくすためにも、データを必要な範囲で活用できるデータ基盤の整備は急務と言える。OSSの活用は特定のITベンダーに依存せず、誰もが使いやすいサービスの提供につながる。

そのためには、政府の政策立案とデジタル技術の活用とを両方担えるデジタル人材が不可欠だ。こうした人材が政策の立案過程で行政の課題をデジタル技術で解決できる枠組みがあれば、行政サービスを迅速に提供できる。

いわばシステム開発の内製化だ。内製化には外部人材の登用や、政府内のデジタル人材の役職や処遇といったキャリアパスの設計も欠かせない。

デジタル化の目的や手段を支えるのは政府に対する「信頼」である。武蔵大学の庄司昌彦教授は個人データに対するデータガバナンスの確立を求めている。マイナンバーカードの普及も自治体システムの標準化もデータの活用も、国民に「政府がデータを勝手に使うのではないか」といった不信感を持たれるようではうまく進まない。

信頼の源泉となるのは、政府の政策決定過程において、誰がどんなデータを基に政策をどう決定したのかをきちんと説明できる透明性である。この点はシステム開発においても同じことが言える。

もしシステムに問題があればその原因は何か、どう問題を修正してどう解決するのか。こうした基本的な情報の公開が欠かせない。そのうえで法案や施策がデジタル社会の目指す目的に適合しているかをチェックして、常に手段を見直す仕組みも必要となる。

20年前に始まったデジタル政府の改革は、戦略目標こそ正しかったものの、実現のための武器を整えないまま実行に移した結果、幾度もの失敗に見舞われた。デジタル庁に集う官民の挑戦者たちは、今度こそ改革を成功に導くことができるか。日経コンピュータは引き続き改革の内側を追い続ける。

本書は「日経コンピュータ」「日経クロステック」に掲載された記事を全面的に加筆・修正した。

初出一覧

本書は以下の『日経コンピュータ』『日経クロステック』記事などを基に作成したものである。

第1章

日経コンピュータ2020年10月29日号、「デジタル敗戦からの復興」（玄 忠雄、外薗 祐理子、長倉 克枝、大豆生田 崇志）

日経クロステック2020年10月～11月、「デジタル庁への提言」（外薗 祐理子）

第2章

日経コンピュータ2020年10月29日号、「デジタル敗戦からの復興」（玄 忠雄、外薗 祐理子、長倉 克枝、大豆生田 崇志）

日経コンピュータ2000年1月17日号、「加速する電子政府への取り組み」（森 永輔）

日経コンピュータ2002年3月11日号、「これでいいのか、政府システム調達」（中村 健助）

日経コンピュータ2004年4月19日号、「混迷の電子政府」（広岡 延隆、森側 真一）

日経コンピュータ2012年2月2日号、「動かないコンピュータ　特許庁」（大和田 尚孝）

日経コンピュータ2012年7月19日号、「政府システム調達、失敗の本質」（浅川 直輝）

第3章

日経コンピュータ2012年7月19日号、「政府システム調達、失敗の本質」（浅川 直輝）

日経コンピュータ2015年4月30日号、「特許庁の再起動」（浅川 直輝）

第4章

日経コンピュータ2009年1月15日号、「年金記録問題は防げた」（大和田 尚孝、二羽 はるな）

日経コンピュータ2015年6月25日号、「動かないコンピュータ　日本年金機構」（年金情報流出問題取材班）

日経コンピュータ2019年11月14日号、「動かないコンピュータ　総務省 」（玄 忠雄）

日経コンピュータ2020年4月16日号、「動かないコンピュータ　総務省」（大豆生田 崇志）

第5章

日経クロステック2020年1月10日、「なぜマイナポータルはJava必須なのか、開発者側の理屈でユーザー体験がおざなりに」（浅川 直輝）

日経クロステック2017年12月19日、「普及率9.6%のマイナンバーカード、仕様上の『欠陥』」（大豆生田 崇志）

日経クロステック2020年6月9日、「10万円オンライン申請は『失敗』だったのか？自治体を混乱させた本当の要因」（浅川 直輝）

日経クロステック2020年10月6日、「マイナポータルが続々と機能拡充、マイナンバーカードでできることを整理した」（大豆生田 崇志）

第6章

日経クロステック2020年11月10日、「自治体システム『25年度末までに統一』に懸念、緊急提言した20政令市の切実さ」（長倉 克枝、玄 忠雄）

日経クロステック2020年12月17日、「基幹刷新『一部中断』の京都市、膨れた開発費100億円は無駄に終わるのか」（井上 英明）

日経クロステック2017年12月12日、「京都市がシステム刷新失敗、『悲劇を繰り返すな』とご意見番」（井上 英明）

第7章

日経クロステック2020年12月21日、「デジタル庁は2021年9月に500人規模で発足、民間から100人超採用へ」（玄 忠雄）

日経クロステック2020年12月25日、「デジタル庁が民間から100人超採用へ、気になる役割と実効性」（玄 忠雄）

日経クロステック2020年12月28日、「2021年度『15カ月』のデジタル国家予算は大幅増の1.7兆円、改革加速へ政策総動員」（玄 忠雄）

日経クロステック2021年1月14日、「政府CIOとCIO補佐官は廃止へ、デジタル庁発足で民間IT人材の登用は全面再編」（玄 忠雄）

日経クロステック2021年1月4日、「デジタル庁でマイナンバー制度はどう変わる？政府の『抜本的改善』を読み解く」（大豆生田 崇志）

日経クロステック2020年12月、「激変・自治体IT、デジタル庁は追いつけるか」（大豆生田 崇志、長倉 克枝）

日経クロステック2020年9月28日、「オンライン本人確認はマイナンバーカードしか許されない？ベンチャーが国を訴えた真相」（大豆生田 崇志）

第8章、おわりに

日経コンピュータ2020年10月29日号、「デジタル敗戦からの復興」（玄 忠雄、外薗 祐理子、長倉 克枝、大豆生田 崇志）

日経コンピュータ
1981年の創刊以来、企業情報システムの本質を描き続けてきたIT専門誌

なぜデジタル政府は失敗し続けるのか
消えた年金からコロナ対策まで

2021年2月15日　第1版第1刷発行
2021年2月16日　　　　第2刷発行

著　者　日経コンピュータ
発行者　吉田琢也
発　行　日経BP
発　売　日経BPマーケティング
〒105-8308
東京都港区虎ノ門4-3-12
制　作　日経BPコンサルティング
編　集　浅川直輝
印刷・製本　図書印刷

ISBN978-4-296-10880-0

本書籍に関するお問い合わせ、ご連絡は下記にて承ります。
https://nkbp.jp/booksQA